# Abra a Mente para a Prosperidade

Catherine Ponder

# Abra a Mente para a Prosperidade

*Tradução*
SÍLVIO NEVES FERREIRA

EDITORA PENSAMENTO
São Paulo

Título do original: *Open Your Mind to Prosperity.*



O primeiro número à esquerda indica a edição, ou reedição, desta obra. A primeira dezena à direita indica o ano em que esta edição, ou reedição, foi publicada.

| Edição | Ano |
|---|---|
| 2-3-4-5-6-7-8-9-10-11-12 | 04-05-06-07-08-09-10 |

Direitos de tradução para a língua portuguesa
adquiridos com exclusividade pela
EDITORA PENSAMENTO-CULTRIX LTDA.
Rua Dr. Mário Vicente, 368 — 04270-000 — São Paulo, SP
Fone: 6166-9000 — Fax: 6166-9008
E-mail: pensamento@cultrix.com.br
http://www.pensamento-cultrix.com.br
que se reserva a propriedade literária desta tradução.

*Impresso em nossas oficinas gráficas.*

# Sumário

# Prefácio....
# É hora de prosperar! Uma mensagem especial da autora

Trajando um elegante terninho, uma atraente mulher de negócios do sul da Califórnia disse certa vez à autora:

"Quando comecei a usar, pela primeira vez, o poder do pensamento auspicioso, obtive resultados tão surpreendentes que cheguei a me assustar. Acabara de me divorciar, apenas com os salários de alguns meses à disposição. Decidi me arriscar e entrar no mundo dos negócios quase sem capital. Esperava ganhar quatro ou cinco mil dólares no primeiro ano. Em vez disso, utilizando a sua fórmula, ganhei quase cinco mil dólares nos primeiros meses. Estou agora prestes a obter um rendimento de cinqüenta mil dólares por ano, mas o meu maior problema tem sido o de tentar não me sentir culpada por ser tão próspera."

Mãe e filha tomaram conhecimento dessa fórmula e a empregaram quando ambas estavam sem trabalho. A filha, logo em seguida, passou em um teste para uma montagem da peça *The Music Man*. No mesmo dia em que ela passou no teste, a mãe também conseguiu um emprego no ramo do entretenimento. "Um prêmio pela ousadia de pensar na prosperidade", observou a mãe. Posteriormente, sua filha apareceu na televisão em rede nacional. Ela continua até hoje no ramo do entretenimento.

Outro relato foi este: "Já não tínhamos condições de pagar a hipoteca da casa. Nossas finanças estavam num estado deplorável. Então comecei a aplicar a sua fórmula da prosperidade. Coisas extraordinárias começaram a acontecer. Recebemos um cheque pelo correio no valor de dez mil dólares. Era uma herança de um parente, que nos havia sido legada há alguns meses. Normalmente, os detalhes a esse respeito levam meses para serem resolvidos. Sabíamos que aquele parente nos deixara alguma coisa, mas jamais sonhamos que seria uma quantia tão elevada."

Outra pessoa também declarou: "Se não fosse o poder do pensamento auspicioso, eu estaria hoje na cadeia pelo não pagamento de dívidas. Em vez disso, agora estou casada com um homem maravilhoso, cheio de talento e afetuoso. Estou prosperando de uma forma que vai além do que eu acreditava ser possível anteriormente, e estou escrevendo artigos e livros, e todos eles estão sendo publicados."

Ela esclareceu: "Há um ano, eu estava sendo procurada pela justiça por causa de dívidas não pagas, acabara de sair do hospital após uma operação, tinha sido despedida do emprego e estava sozinha, sem ninguém a quem dedicar o meu amor. Nessa época, eu estava deprimida, sem dinheiro e doente.

"Então, tomei conhecimento da sua filosofia da prosperidade e comecei a colocá-la em prática. Rapidamente, recebi um pedido de uma série de artigos a serem publicados mensalmente em três revistas. Encontrei novamente o homem que eu amava. Tínhamos nos encontrado algumas vezes anos atrás, depois nos afastamos. Subitamente tudo começou a entrar nos eixos. Agora, alguns meses depois, sou autora de dois livros e de muitos artigos, estou casada com o homem que amo e maravilhosamente próspera."

Incrível?

Impossível?

De maneira nenhuma. Esses são simplesmente os efeitos do pensamento auspicioso.

## Como nasceu essa fórmula para a prosperidade

Este livro contém uma fórmula simples para invocar "o poder do pensamento auspicioso" — uma fórmula que levou vinte anos para ser criada.

A autora começou a pesquisa por uma fórmula semelhante a essa há algumas décadas, quando era secretária, viúva, e tinha um filho para sustentar — sozinha.

Enquanto pesquisava livros nas estantes, estudava a vida de pessoas famosas, buscava as fórmulas de sucesso misticamente mostradas na Bíblia e iniciava o estudo da filosofia do "Novo Pensamento", ela começou a trazer à luz, pouco a pouco, a fórmula da prosperidade. Depois, passou a buscar o poder do pensamento auspicioso no exercício de duas profissões: primeiro como secretária, depois como ministra de uma congregação sem vínculos com outras confissões.

Quando a pior recessão desde a II Guerra Mundial atingiu os Estados Unidos em 1958, as fórmulas para a prosperidade começaram a se revelar para ela numa seqüência ordenada, enquanto dava aulas sobre prosperidade em seu primeiro ministério em Birmingham, Alabama.

A partir das pesquisas desenvolvidas para essas aulas e como efeito dos estimulantes resultados obtidos pelas pessoas que as freqüentavam, ela começou a escrever a respeito de prosperidade: primeiro, numa publicação destinada a pessoas de negócios; depois, por meio de seu primeiro livro, *The Dynamic Laws of Prosperity* [As leis dinâmicas da prosperidade]. Hoje, passadas várias décadas, esse livro continua a transformar a vida de pessoas em todo o mundo, depois de ser traduzido para várias línguas.

## O progresso da autora

A vida da autora também foi transformada, quando ela terminou sua obra na "cidade mágica" no sudeste dos Estados Unidos, e mudou-se. Inicialmente, ela foi para o Texas para fazer conferências sobre a prosperidade durante duas semanas. Mas, em vez disso, ela permaneceu ali por doze anos, fundou duas igrejas e escreveu quase uma dúzia de livros. Muitos de seus alunos, que haviam estudado com ela durante esse período, tornaram-se ministros do Novo Pensamento e também colaboraram para a fundação de outras igrejas.

Em 1970, seus livros e palestras sobre a prosperidade já eram tão conhecidos no país todo que um editor da Unity, Charles Lelly, pediu que ela escrevesse um novo livro sobre a prosperidade para a Unity Press. Depois de haver passado quase dez anos viajando por todo o país, ministrando suas "preciosas palestras", *Abra a Mente para a Prosperidade* foi o resultado.

Agora, mais de uma década depois, ao atualizar este livro, ela manifesta sua gratidão aos diretores da Unity School of Christianity pela permissão que lhe foi concedida para a sua reedição pelo seu editor na Califórnia, por meio da qual ela pode continuar a atingir um público leitor cada vez maior.

Como era de se esperar, os métodos de prosperidade descritos neste livro levaram a autora a uma vida mais feliz e produtiva. O trabalho de seu ministério, agora mundial, estende-se por todos os Estados Unidos e por muitos países estrangeiros. Ela adora morar e trabalhar num encantador refúgio localizado na região da consciência metafísica do sul da Califórnia. Embora não possa mais atender às inúmeras solicitações de palestras que chegam de todas as partes do mundo, ela espera poder dar continuidade à sua obra e à sua programação, estabelecida para muitos anos vindouros. Entre os louros que recebeu por uma vida de trabalhos intensos, estão um doutorado honorário e a inclusão de seu nome no *Who's Who* e no *Social Register*.

## Relato do progresso de uma leitora

Os relatos de leitores que foram ajudados por este livro são demasiadamente numerosos para serem recontados. A carta a seguir é apenas um dos muitos relatos recebidos pela autora no passar dos anos:

> Há aproximadamente dois anos, quando trabalhava na área de vendas de cosméticos, fui incentivada por minha encantadora diretora de vendas a ler *Abra a Mente para a Prosperidade.*
>
> Isso foi o início de uma estimulante vida nova para mim. Com plena confiança, apliquei os princípios contidos nesse livro e as comprovações foram inevitáveis. Em poucos meses, meus negócios prosperaram, tornei-me uma diretora de vendas e encontrei meu futuro marido.
>
> Embora vivesse anteriormente com parcos recursos numa pequena casa alugada, vivemos agora numa linda casa na área exclusiva de Bel-Air, em Los Angeles. Johnny Carson, os Gabors e muitas personalidades famosas do mundo do entretenimento possuem imóveis na vizinhança.
>
> Tendo em vista que agora não preciso mais trabalhar, dedico a maior parte de meu tempo ao meu primeiro amor, o caminho espiritual. Passo o tempo ajudando outras pessoas a aprender como aplicar as fórmulas da prosperidade que aprendi. Que felicidade! Todos os dias, agradeço a Deus por ter-me levado a esse livro.

## O conteúdo dessa fórmula da prosperidade

Por que algumas pessoas ficam literalmente "ricas da noite para o dia" ao passarem a agir de acordo com os conceitos expressos nestas páginas? Bem, neste livro, a autora está partilhando com os leitores sua fórmula sucinta para a prosperidade, que evoluiu lentamente durante anos e que ela aqui oferece, pela primeira vez, na sua forma integral.

*Abra a Mente para a Prosperidade,* escrito originalmente em 1971, é uma continuação do livro *The Dynamic Laws of Prosperity,* que foi publicado pela primeira vez em 1962. A partir do momento em que a autora ministrou sua primeira aula sobre a prosperidade em 1958, e a partir da publicação de seu primeiro artigo sobre o mesmo tema em 1959, o resultado tem sido sempre o mesmo: uma entusiástica demanda por uma quantidade maior de material a respeito do assunto e inumeráveis relatos não solicitados do que, às vezes, pareciam resultados prodigiosos obtidos por pessoas que fizeram uso desses métodos para a prosperidade.

Existem muitos cursos e livros de sucesso disponíveis atualmente, e todos eles são bons. Qualquer coisa que o ajude a abrir a mente para a prosperidade vale a pena.

Porém, *a maioria desses cursos e livros cobre apenas cerca de um quarto da fórmula oferecida neste livro.* Em geral, eles explicam como criar, antes de tudo, a sua prosperidade mentalmente, como mostram os Capítulos 3, 4 e 5 deste livro.

Mas, a não ser que você aprenda a superar seus bloqueios psicológicos a respeito da prosperidade, como debatido no Capítulo 1; a não ser que você aprenda a limpar a sua mente para abrir caminho para a prosperidade, como explicado no Capítulo 2; e a não ser que você persista em dar à sua prosperidade uma base espiritual, como mostrado no Capítulo 6 — apenas criar, antes de tudo, a sua prosperidade mentalmente não é o suficiente.

Os procedimentos para criar, antes de tudo, sua prosperidade mentalmente podem estimulá-lo a obter resultados temporários. Depois você afunda em frustração e desespero mais uma vez, à medida que esses resultados se esvaem, e diz para si mesmo: "Isso não funciona de verdade."

Ao aprender a fórmula *completa* para a prosperidade como está explicada neste livro, tanto na Primeira como na Segunda Parte, você descobrirá que ela se torna um processo automático que você poderá pôr em prática facilmente, com freqüência, e que sempre lhe dará um grande prazer.

Por exemplo, quando sua prosperidade parecer decair, você saberá que precisa mais uma vez abrir deliberadamente a sua mente para a prosperidade, lembrando a si mesmo muitas vezes: "EU SOU O FILHO RICO DE UM PAI AMOROSO, POR ISSO NÃO TENHO RECEIO DE PROSPERAR."

Então você voltará às leis de purificação da prosperidade e mais uma vez fará uma limpeza, tanto interior quanto exterior. Você começará a criar, mais uma vez, a sua prosperidade mentalmente, fazendo, com toda probabilidade, uma nova lista e buscando novas imagens e afirmações mentais para trabalhar com elas todos os dias. E você irá alegremente utilizar o "dez, o número mágico do progresso" em suas doações.

Na ocasião devida, provavelmente você passará de dez por cento para uma doação maior, de acordo com o que for estabelecido como a sua contribuição, e como foi estipulado na lei mosaica há muitos séculos. Essa é uma técnica para a prosperidade que tornou milionárias muitas pessoas famosas da Bíblia, bem como muitos dos nossos atuais milionários.

Você também será beneficiado ao utilizar as técnicas para a prosperidade descritas na Segunda Parte, e descobrirá que elas são úteis pelos resultados demonstrados.

## Um convite da autora

Depois que este livro foi escrito (1971), como uma continuação de *The Dynamic Laws of Prosperity* (1962), a autora escreveu outro livro: uma "continuação da continuação", intitulado *Open Your Mind to Receive* [Abra a sua mente para receber] (1983).[1] Você irá descobrir que esses três livros constituem uma útil trilogia sobre o fascinante assunto da abundância universal.

À medida que você utiliza repetidamente as leis da prosperidade descritas neste, e nos outros livros acima citados, perceberá que irá concordar com a autora em que : "É hora de prosperar!" E provavelmente vai sentir vontade de transmitir essa oportuna mensagem a outras pessoas.

Assim, a autora o convida a escrever para ela, relatando os resultados favoráveis que forem obtidos por você em forma de paz, saúde e abundância cada vez maiores.

Catherine Ponder
P. O. Drawer 1278, Palm Desert, California 92261, U.S.A.

1. *Open Your Mind to Receive* (Marina Del Rey., CA; DeVorss & Co. , 1983).

PRIMEIRA PARTE

# Métodos Básicos para Manifestar a Prosperidade

# Abra a mente para a prosperidade

# 1

Declarei guerra à pobreza quando eu ainda estava no primeiro grau. Morávamos numa região do Sul assolada pela pobreza, e a maioria das crianças da minha escola não tinha uma alimentação adequada nem roupas suficientes.

Quando minha mãe me dava dinheiro para o lanche, eu simplesmente o dava às outras crianças. Ao tomar conhecimento do que eu estava fazendo, ela começou a preparar os meus lanches. Isso me deixava muito feliz. Significava que eu podia intensificar minha guerra contra a pobreza dividindo os sanduíches em pedaços e entregando-os aos meus colegas.

Mamãe jamais foi capaz de impedir que eu distribuísse os meus lanches. Mas quando comecei a distribuir minhas roupas, ela opôs-se decididamente. Finalmente, ela disse: "Não dispomos de recursos para vestir toda a vizinhança — embora quase tenhamos feito isso neste inverno, graças a você. Vou comprar mais um casaco para você, e é melhor não dá-lo a ninguém."

Num dia frio de inverno, cheguei em casa de volta da escola, usando obedientemente o casaco, porém descalça. Havia simplesmente dado de presente meus sapatos e minhas meias! Não foi senão anos mais tarde que aprendi como manter a guerra contra a pobreza de tal maneira que não fosse obrigada a dar meus lanches, sapatos e meias.

Um economista de Wall Street deu-me recentemente sua receita para o fim da pobreza: "O que é necessário não é tanto uma guerra contra a pobreza, mas uma compreensão das forças que geram a prosperidade."

## Por que você precisa abrir a sua mente para a prosperidade?

As forças que geram a prosperidade são mentais e espirituais. Para uma guerra mental e espiritual contra a pobreza, a primeira coisa que você precisa fazer é abrir a mente para a prosperidade.

Cheguei a essa grande verdade quase acidentalmente. Eu exercia o cargo de pastora em Birmingham, Alabama, quando a pior recessão desde a II Grande Guerra assolou o país.

Birmingham é uma cidade industrial. Essa recessão afetou economicamente o país de tal forma que milhares de pessoas ficaram desempregadas. Havia filas de mendigos para receber alimentos gratuitamente; todos falavam de depressão, tempos difíceis e indigência; finalmente, o governo decretou estado de calamidade na cidade, disponibilizando ajuda federal.

Foi durante esse penoso período que as pessoas que freqüentavam a minha igreja pediram que eu ministrasse um curso que revelasse as leis mentais e espirituais da prosperidade.

Logo descobri uma coisa importante. Embora as pessoas que freqüentavam esse curso necessitassem desesperadamente prosperar, a maioria delas tinha a ultrapassada e errônea idéia de que ser rico é pecado. *Elas sentiam-se culpadas até mesmo por comparecer a um curso sobre prosperidade.*

A partir de então, descobri que não existe nada de incomum nessa atitude. A maioria das pessoas com problemas financeiros tem um bloqueio psicológico a respeito da prosperidade. Elas aprenderam no passado que a pobreza é uma virtude cristã e que ser rico é de algum modo uma coisa perniciosa. Foi ensinado a elas que quem quer que seja próspero é provavelmente desonesto e, portanto, não merece confiança. De qualquer modo, é um "pecador".

Como a pobreza pode ser uma virtude cristã, quando a pobreza é a causa da maioria dos problemas do mundo?

O comunismo baseia-se na pobreza. Um economista disse que a principal diferença entre a democracia e o comunismo pode ser descrita em uma palavra: "abundância" ou "prosperidade". As pessoas prósperas não gostam nem necessitam do comunismo.

Não apenas a guerra e o comunismo são causados pela pobreza, mas também a doença, o crime, a delinqüência juvenil, o analfabetismo, parte do problema das drogas, tumultos e terrorismo — todos podem estar relacionados com as situações de pobreza.

É como se a alma humana estivesse se sublevando contra as privações nesta era de esclarecimento espiritual ou intelectual, porque a alma sabe intuitivamente que o homem deveria ser próspero.

## Como abrir a mente para a prosperidade

Você pode abrir a mente para a prosperidade renunciando à ridícula idéia de que a pobreza é uma virtude cristã, uma vez que ela é apenas um defeito comum. A pobreza é definitivamente um pecado, não uma bênção.

Como afirmou Charles Fillmore em seu livro *Prosperity* [Prosperidade]:[1]

> O Pai deseja para nós um bem ilimitado, não simplesmente os meios para uma parca subsistência. Não poderemos ser muito felizes se formos pobres, e ninguém precisa ser pobre. Ser pobre é pecado.

Não há nada de novo a respeito dessa idéia. Um século atrás, um pastor batista chamado Dr. Russell Conwell ficou muito famoso por

1. Unity Books, Unity Village, MO 64065, 1936.

causa de uma palestra, intitulada *Acres of Diamonds* [Acres de diamantes],[2] que ele fez em todos os Estados Unidos.

O Dr. Conwell ganhou cerca de oito a doze milhões de dólares enquanto viajava por todo o país, durante um período de cinqüenta anos, fazendo essa palestra — cujas origens ele descobriu na Temple University da Filadélfia. Ao examinar cuidadosamente sua famosa palestra a respeito da prosperidade, você descobre que ele estava tentando acabar com o sentimento de culpa do ouvinte por se tornar próspero.

> Digo que você deveria ser rico. Você não tem motivos para ser pobre. Viver e não ser rico é um infortúnio, e é um duplo infortúnio porque você poderia tanto ser rico como ser pobre.

Você pode abrir a mente para a prosperidade quando compreender que, do estudo e da aplicação das leis mentais e espirituais da prosperidade, você não está tentando fazer com que Deus lhe dê alguma coisa. Como assegura a Bíblia, "tudo pertence a vocês" (I Coríntios, 3:21).

No princípio, Deus criou um fecundo universo e depois criou o homem com inteligência e o colocou neste mundo de abundância, outorgando-lhe o domínio sobre ele (Gênesis 1).

Você está apenas tentando abrir a mente para receber a herança de abundância que lhe foi legada desde o princípio. Você pode começar a abrir a mente para essa abundância, afirmando muitas vezes: "EU SOU O FILHO RICO DE UM PAI AMOROSO; POR ISSO NÃO TENHO RECEIO DE PROSPERAR!"

Havia um homem de negócios que tinha sua própria fórmula elementar para abrir a mente para a prosperidade. Quando as pessoas perguntavam: "Como vão os negócios?", ele tinha uma resposta padrão, não importando a situação econômica do momento: "Os negócios vão maravilhosamente bem, porque há 'ouro em pó' no ar." Tudo parecia estar bem para esse homem. Não importando o que as pessoas à sua volta fizessem ou dissessem, ele prosperava.

2. Russell Conwell, *Acres of Diamonds*, Nova York, Harper & Row Publishers, Inc., 1915.

Os amigos dele diziam: "Não compreendo. Tudo o que ele toca vira ouro!"

## Relatos de pessoas que prosperaram

Naquele meu primeiro curso sobre a prosperidade em 1958, e pelos resultados dos cursos que desde então ministrei, tenho observado que tão logo as pessoas compreendem que ser próspero é um privilégio em vez de uma falha espiritual, é como se as janelas do céu se abrissem para elas!

Relatos recentes de pessoas que abriram a mente para a prosperidade incluem os seguintes:

Uma comerciante duplicou os seus ganhos financeiros e então realizou um casamento bem-sucedido com um homem rico, depois de ter permanecido viúva por dez anos. Uma dona de casa adotou essa maravilhosa maneira de ver as coisas e dentro de pouco tempo foi informada de que o marido havia acabado de herdar uma grande parte da empresa para a qual trabalhava. Outra dona de casa viu o marido progredir, recebendo uma promoção após a outra em seu emprego numa firma de engenharia. Eles receberam uma herança em dinheiro, compraram uma nova casa e dois carros novos e, depois de terem tentado durante vários anos, conseguiram adotar algumas crianças. Um jovem professor universitário tirou outro diploma e logo conseguiu um excelente emprego, com um salário muito maior, numa universidade estadual.

Uma empregada doméstica narrou uma viagem de seis semanas pela Europa. Uma professora foi transferida de um departamento conturbado de sua escola para um setor pedagógico mais organizado. Um casal conseguiu comprar uma linda casa nova sem dar nenhuma entrada. (O antigo proprietário deu-lhes um desconto de oito mil dólares!) Um casal conseguiu bolsas escolares para os dois filhos. Uma mulher que trabalhava no setor de imóveis conseguiu sua licença de corretora e abriu a sua própria imobiliária; outra corretora de imóveis fez a sua primeira venda em um ano!

Ao voltar para casa, depois de uma palestra sobre prosperidade, em Oklahoma City, uma comerciante atendeu a uma chamada telefônica. Era um cliente com uma venda de quarenta dólares, às 12:30 de um domingo. Na manhã seguinte, ela acordou com outra chamada telefônica — e outra venda. Isso representou uma mudança total da situação de "vendas difíceis" à qual estava acostumada.

Um homem de negócios que saía de uma palestra sobre a prosperidade, no caminho para o carro, encontrou uma nota de vinte dólares. Uma semana depois, um aumento que ele estava tentando obter há meses para os seus empregados chegou repentinamente. Depois de abrir a mente para a prosperidade, uma jovem viúva conseguiu reduzir quase 1.700 dólares dos seus débitos em três dias!

## Todos os que ajudaram a autora em seu primeiro livro conseguiram prosperar

Você pode abrir a mente para a prosperidade quando compreender que vale a pena fazer isso, mesmo em face da necessidade e da privação.

Comecei a escrever artigos sobre prosperidade há muitas décadas, quando morava em um cômodo. Achava paradoxal escrever a respeito de prosperidade, dizendo às outras pessoas como se tornarem prósperas, quando eu estava morando simplesmente em um cômodo. Mas compreendi que deveria fazer alguma coisa para abrir a minha mente para a prosperidade a fim de conseguir *sair* daquele cômodo. Isso levou três anos, mas quando finalmente me mudei, encontrei uma casa encantadora. (A mudança poderia ter ocorrido mais cedo, se eu conhecesse a fórmula completa da prosperidade apresentada neste livro.)

Abrir a mente para a prosperidade, mesmo quando se está passando por necessidade, pode também ter efeitos surpreendentes sobre a sua vida. Foram as pessoas que me cercavam enquanto eu escrevia meu primeiro livro que despertaram minha atenção para isso. Depois de datilografar a primeira metade do manuscrito, minha secretária demitiu-se. Ela explicou que, enquanto datilografava o manuscrito, ela e o marido haviam posto em prática a idéia nele contida e que ele prosperara tanto em seu trabalho de vendas que ela não precisava mais do emprego.

Uma segunda secretária foi então contratada para datilografar a segunda metade do livro. Antes de completá-lo, ela também demitiu-se. Explicou que o marido havia sido despedido do trabalho quando ela assumira o cargo, mas que agora ele havia conseguido o melhor emprego de sua vida como engenheiro — que o obrigaria a se mudar para outro estado. Ela achara que as idéias contidas no livro haviam mudado a sua sorte.

Por fim, minha empregada doméstica demitiu-se. Ela não tinha visto o manuscrito, mas eu havia lhe explicado as leis da prosperidade enquanto escrevia a respeito delas, capítulo por capítulo. Quando abriu a mente para a prosperidade, ela decidiu fazer uma coisa que há muito desejava, mas até então não tivera coragem de fazer — trabalhar como costureira. Ela disse-me: "Estou me demitindo do emprego de empregada doméstica. Você não gostaria de me contratar como sua costureira?" Desde então ela vem prosperando nesse campo de trabalho.

Fiquei surpresa por perder duas secretárias e uma empregada doméstica enquanto escrevia um livro — simplesmente porque elas se aventuraram a abrir a sua mente.

Há mais ainda: no dia em que este livro foi entregue ao meu editor em Nova York, ele estava sentado à sua mesa de trabalho lendo-o atentamente, quando um outro editor entrou em seu escritório e entregou-lhe uma determinada quantia. Ele ficou surpreso ao ouvir o que o editor lhe disse: "Há algum tempo você me emprestou dinheiro para almoçar. Até há poucos momentos, eu havia esquecido disso." Meu editor escreveu-me exultante: "Isso terá ocorrido por um efeito imediato de *The Dynamic Laws of Prosperity*?"

## Um relato do tipógrafo deste livro

No entanto, um relato ainda mais atualizado a respeito do poder de se abrir a mente para a prosperidade foi feito pelo tipógrafo deste livro. Ele escreveu de Hollywood, Califórnia:

> Sou a pessoa que teve o singular prazer de fazer a composição tipográfica da versão revisada do livro *Abra a Mente para a Prospe-*

*ridade* para a sua editora na Califórnia. Esse manuscrito prendeu minha atenção do primeiro ao último parágrafo e me senti muito melhor tanto mental como emocionalmente por ter tido essa experiência.

*Abra a Mente para a Prosperidade*, especificamente, abriu a minha mente para certas verdades incontestáveis, a maioria das quais eu conhecia desde a infância. Mas, à medida que me envolvia cada vez mais na rotina de trabalho e da vida diária, acabei me esquecendo da importância delas.

Houve uma época da minha vida em que fui um crente ardoroso no poder da oração. Contudo, nunca soube como realmente expressar em palavras minhas orações, tampouco que elas deveriam ser acompanhadas pela visualização daquilo que eu desejava. Este livro esclareceu a arte da oração dinâmica de uma maneira muito concisa e sucinta. Eu já havia orado pedindo orientação para a minha vida, mas jamais sonhei que pudesse obtê-la dessa maneira — por meio da composição tipográfica do livro *Abra a Mente para a Prosperidade*. Achei que você devia saber disso.

E eu, a autora, achei que você, leitor, deveria também tomar conhecimento disso.

## A verdadeira definição de prosperidade

Você poderá abrir a mente para a prosperidade quando compreender a verdadeira definição da palavra: você é próspero na medida em que tem paz, saúde e abundância na vida.

**Prosperidade inclui paz de espírito**: Um homem de negócios escreveu recentemente: "O estudo da prosperidade com toda a certeza traz paz de espírito. Desde que me dediquei a esse estudo, minha mulher parou de querer me controlar e minha sogra começou a me deixar em paz."

**Prosperidade inclui harmonia**: Um jovem músico que compareceu a um de meus cursos sobre prosperidade estava desempregado há meses. Imediatamente após o curso, ele conseguiu o melhor emprego de sua vida. Mais tarde, ele escreveu: "Tive uma agradável surpresa em conseqüência de meu estudo. Isso aconteceu porque eu necessitava de um emprego, que consegui rapidamente. Mas na época em que eu praticava o pensamento auspicioso, minha mulher e eu estávamos separados. Agora, nos reconciliamos e somos mais felizes do que nunca. A prosperidade com certeza inclui paz e harmonia."

**Prosperidade inclui saúde**: Uma dona de casa foi levada pelo marido a uma palestra sobre prosperidade. A mulher vinha sofrendo há doze anos de uma doença crônica que os medicamentos podiam aliviar temporariamente, mas não conseguiam curá-la. Quando os medicamentos eram suspensos, a dor voltava.

Naquela noite, de volta para casa depois da palestra, ela observou que pela primeira vez em doze anos não sentia dor quando não usava medicamentos. Isso aconteceu há oito anos. A dor nunca mais voltou.

Esse casal também prosperou financeiramente, mas sua principal demonstração de prosperidade foi uma cura física.

**Prosperidade inclui boas condições financeiras**: As pessoas às vezes podem pensar: "Uma vez que a prosperidade inclui paz e saúde, ela significa *mais* do que apenas dinheiro."

É verdade, mas o que há de errado com a prosperidade como dinheiro?

Uma maneira importante de abrir a mente para a prosperidade é abri-la deliberadamente para a idéia de que o dinheiro é espiritual, de que o dinheiro faz parte da sua herança espiritual.

## Existem milionários na Bíblia!

Saber que os grandes líderes espirituais da Bíblia eram pessoas prósperas ajuda a abrir a nossa mente para a prosperidade — muitos desses líderes eram literalmente milionários.[3] Eles pareciam saber que a prosperidade era uma graça espiritual e a pobreza, uma maldição.

3. Ver a série de Catherine Ponder sobre "The Millionaires of the Bible", que inclui *The Millionaires of Genesis, The Millionaire Moses* e *The Millionaire Joshua*, todos publicados por DeVorss & Company, Marina Del Rey, CA 90294.

No primeiro livro da Bíblia, encontramos quatro milionários entre os grandes líderes hebreus: Abraão, Isaac, Jacó e José. A Bíblia descreve nitidamente os seus bens. Em geral, lembramos de Abraão como o patriarca do povo hebreu, o que ele foi, mas ele foi também um milionário. As Escrituras declaram que ele tinha muitas propriedades e que o Senhor o "havia abençoado em tudo" (Gênesis, 24:1).

Quando, pela primeira vez, eu disse numa palestra que Abraão era um milionário, um surpreso texano perguntou: "Se Abraão era um milionário, quantos poços de petróleo ele possuía?"

Respondi: "Não sei. Mas vou descobrir." Quando examinei a descrição bíblica dos bens de Abraão, não pude encontrar um único poço de petróleo que lhe pertencesse. Porém, enquanto examinava cuidadosamente as passagens que descreviam suas riquezas, um versículo chamou a minha atenção: "Abraão era muito rico em rebanhos, em prata e em ouro" (Gênesis 13:2.).

Quando alegremente contei ao cético texano que Abraão havia sido um rico criador de gado, ele ficou tão impressionado que insistiu que o gado de Abraão era provavelmente da raça Longhorn originária do estado da Estrela Solitária! A despeito de meus protestos, ele saiu da palestra muito feliz.

## A Bíblia é um livro didático sobre a prosperidade

Você poderá abrir a mente para a prosperidade quando compreender que a Bíblia é o maior livro didático sobre a prosperidade já escrito, e começar a estudá-la sob esse ponto de vista. A Bíblia está repleta de histórias a respeito de pão e peixe. Isso é um maravilhoso simbolismo da prosperidade. O pão simboliza a substância do universo, que nós produzimos e à qual damos forma com nossos pensamentos e palavras de prosperidade. O peixe simboliza as idéias de progresso.

A palavra "ouro" aparece mais de quatrocentas vezes na Bíblia. Existem entre três mil e quatro mil promessas na Bíblia, muitas das quais promessas literais de prosperidade. (Alguns teólogos afirmam que há cerca de oito mil dessas promessas.)

A preocupação de Jesus com a prosperidade é mostrada na oração do pai-nosso: "O pão nosso de cada dia dá-nos hoje. E perdoa-nos as nossas dívidas como também nós perdoamos aos nossos devedores" (Mateus 19:11,12). Muitos dos milagres de Jesus foram milagres de prosperidade e muitas de suas parábolas foram parábolas sobre prosperidade.[4]

Quando Jesus disse aos discípulos, referindo-se ao moço rico: "Em verdade vos digo que um rico dificilmente entrará no Reino do Céu", foi porque Ele sabia que aquele homem rico era dominado por suas posses em vez de controlá-las (Mateus 19:23, 24). *A conscientização espiritual da prosperidade proporciona a você o controle de seus bens, em vez de permitir que seus bens o controlem.*

## A prosperidade é necessária para o seu crescimento

Você poderá abrir a mente para a prosperidade quando compreender que a prosperidade é uma necessidade para o seu crescimento espiritual, porque ela lhe dá liberdade para crescer espiritualmente.

Certa vez sentei-me ao lado de um médico quiroprático em um banquete para o qual ambos éramos oradores convidados. Esse homem falou-me a respeito de como as abordagens mental e espiritual da prosperidade vinham sendo importantes para ele durante anos. Ele descreveu como tinha deixado de ser um jovem médico batalhador e esforçado que nada tinha, para se tornar um homem feliz e rico, que agora possuía a própria clínica, uma grande clientela, uma linda casa, uma admirável família, carros, investimentos, imóveis — e até um avião particular. Ele disse o seguinte: "Hoje sou um médico muito melhor, um marido e um pai muito melhor, um cidadão muito melhor porque sou próspero. Agora tenho tempo para estudar a Verdade, para me desenvolver espiritualmente até um ponto que jamais atingira antes. *Todas as pessoas deviam ser*

4. Ver *The Millionaire from Nazareth*, de Catherine Ponder, publicado em 1979 por DeVorss & Co., Marina Del Rey, CA 90294.

*prósperas, porque a prosperidade lhes dá liberdade. A prosperidade é uma necessidade para o crescimento espiritual."*

## A verdadeira prosperidade tem uma base espiritual

Você poderá abrir a mente para a prosperidade ao seguir o conselho de Moisés aos hebreus há milhares de anos: "Lembra-te de Iahweh teu Deus, pois é ele quem te concede força para enriquecer" (Deuteronômio 8:18).

*Este* é o eterno segredo da prosperidade: *Deus é a Fonte de suas riquezas*. Enquanto você estiver em contato com a Fonte, você será próspero. É quando você se afasta de Deus como a Fonte, e está na dependência das pessoas e das circunstâncias para a sua prosperidade, que surgem seus problemas financeiros. As pessoas e as circunstâncias são canais para as suas riquezas, com certeza, mas Deus é a Fonte. Sabendo disso, você não temerá se o canal mudar, mas confiará em Deus como a Fonte para obter orientação e riquezas: "NÃO DEPENDO DAS PESSOAS E DAS CIRCUNSTÂNCIAS PARA PROSPERAR. DEUS É A FONTE DA MINHA PROSPERIDADE E AGORA MOSTRA SEUS CANAIS DE RIQUEZA PARA MIM."

Há muitos anos, quando parecia que as pessoas e as circunstâncias controlavam meu bem-estar, descobri este útil trecho em *Lessons in Truth* [Lições sobre a Verdade]:[5]

> Nenhuma pessoa ou coisa no universo, nenhum encadeamento de circunstâncias, pode, de maneira nenhuma, interpor-se entre você e sua felicidade — seu bem-estar. Você pode achar que existe alguma coisa entre você e o desejo do seu coração, e assim vive com esse desejo irrealizado, mas isso não é verdade... Negue essa crença, e estará livre... Então você verá o bem-estar fluir para você, e verá nitidamente que nada pode existir entre você e o que lhe pertence.

5. H. Emilie Cady, Unity Village, MO. Unity Books, 1894.

As afirmações que utilizei naquela ocasião para me ajudar a abandonar a crença de que a personalidade tinha poder para impedir meu bem-estar e meu relacionamento com Deus como a Fonte de minha prosperidade foram as seguintes:

"VEJO NITIDAMENTE QUE NADA NEM NINGUÉM PODE FICAR ENTRE MIM E O QUE ME PERTENCE!"

"ELIMINO DA MINHA MENTE E DA MENTE DE TODAS AS OUTRAS PESSOAS QUALQUER IDÉIA DE QUE O QUE ME PERTENCE PODE SER TIRADO DE MIM. AQUILO QUE SE DESTINA AO MEU BEM MAIOR SE AVIZINHA DE MIM E, EM MINHA NÍTIDA PERCEPÇÃO DA VERDADE, EU O RECEBO COM ALEGRIA!"

"NADA PODE SE OPOR AO MEU BEM MAIOR. NINGUÉM PODE SE OPOR AO MEU BEM MAIOR. AGORA POSSO REALIZAR GRANDES COISAS COM FACILIDADE."

"RECUSANDO-ME A CRITICAR A PROSPERIDADE DOS OUTROS, VOLTO-ME PARA DEUS, PEÇO A ORIENTAÇÃO DELE E SOU PRÓSPERO."

"O AMOR NÃO FAZ DE MIM ALGUÉM INVEJOSO. A VERDADEIRA PROSPERIDADE ME DEU A LIBERDADE."

"MINHA VIDA NÃO PODE SER LIMITADA. MEUS RENDIMENTOS FINANCEIROS NÃO PODEM SER LIMITADOS. CRISTO, QUE AGORA ESTÁ COMIGO, LIVRA-ME DE TODAS AS LIMITAÇÕES. AGORA SOU RICO EM ESPÍRITO E NO MUNDO DA MATÉRIA."

"O AMOR CLEMENTE DE JESUS CRISTO AGORA ME LIBERTA DE TODOS OS ENGANOS RELACIONADOS COM O DINHEIRO, NO PASSADO OU NO PRESENTE. ENCARO O FUTURO COM CONSCIÊNCIA, LIBERDADE E DESTEMOR."

A Bíblia mostra claramente que, enquanto os hebreus reconheciam Deus como a Fonte de suas riquezas e O buscavam pedindo orientação, eles prosperaram extraordinariamente. Foi quando se desviaram de Deus e começaram a se voltar para as pessoas em busca de riquezas, no tempo de Salomão, que o povo hebreu dividiu-se financeira e politicamente e foi para o exílio.

## Essa atitude é positiva

Talvez você esteja se perguntando: "Mas essa idéia de confiar em Deus como a Fonte de minhas riquezas funciona mesmo?"

Um outro médico disse-me recentemente: "Nunca havia prosperado realmente, embora tenha trabalhado com afinco, até que aprendi que a riqueza tem uma base espiritual. Depois que comecei a afirmar diariamente que Deus era a fonte de minhas riquezas — que eu não tinha de depender de meus pacientes ou de quaisquer outras pessoas ou da situação econômica do país, para a minha prosperidade —, consegui construir em oito meses uma nova clínica, no valor de cem mil dólares." Ele mostrou-me fotografias de sua clínica e ela é realmente muito bonita.

Essa é uma idéia positiva, que Deus é a Fonte de sua prosperidade e que sua prosperidade tem uma base espiritual. Quando você abrir a sua mente para essa idéia libertadora, começará a prosperar.

Você poderá estar pensando: "Está bem, mas conheço pessoas que não são religiosas mas são extraordinariamente prósperas. Elas não reconhecem Deus como a Fonte de suas riquezas."

Talvez elas sejam prósperas no sentido financeiro, mas lembre-se de que a verdadeira prosperidade inclui paz e saúde. E quanto à paz de espírito e à saúde do corpo dessas pessoas?

## Resumo

1. A prosperidade é gerada por forças mentais e físicas. Para gerar prosperidade em sua vida, você precisa abrir a mente.
2. Deixe de lado a idéia de que a pobreza é uma virtude cristã. A pobreza é um pecado, não uma graça divina.
3. Você não está tentando fazer com que Deus lhe conceda alguma coisa. Você está apenas abrindo a mente para receber a abundância. Deus a prometeu para você desde o início.

4. Vale a pena abrir a mente para a prosperidade mesmo quando você enfrenta necessidades e limitações.
5. Você é próspero na medida em que tem paz, saúde e abundância na vida. Essa é a verdadeira definição de prosperidade.
6. Alguns dos grandes líderes da Bíblia eram prósperos. A Bíblia em si mesma é um maravilhoso livro didático sobre a prosperidade, repleto de histórias, promessas e parábolas a respeito desse tema.
7. A prosperidade é necessária para o crescimento espiritual, uma vez que ela lhe proporciona liberdade para desenvolver-se espiritualmente, sem ter de se preocupar com o aspecto financeiro ou mundano da vida.
8. Deus é a Fonte de suas riquezas, não as pessoas ou as circunstâncias. Compreender que a base de sua prosperidade é espiritual é uma atitude positiva, que lhe assegura sucesso financeiro.

# Limpe a sua mente para a prosperidade

# 2



Limpeza, ou purificação, é o primeiro passo para a prosperidade. Se as pessoas em todo o mundo conhecessem os passos da limpeza para a prosperidade e os empregassem, a vida delas iria mudar radicalmente para melhor!

Os místicos têm uma fórmula de três componentes para o sucesso:

1. *Purificação*, ou limpeza.
2. *Iluminação*, ou o recebimento de orientação sobre como ser próspero.
3. *União* com Deus e com o Bem que Dele advém.

Esses três passos para o sucesso estão descritos neste capítulo e nos seguintes.

A Bíblia está repleta de símbolos de purificação: sacrifício, renúncia e contrição. Até o "muro das lamentações" em Jerusalém é símbolo da libertação das emoções negativas, necessária para que se tenha prosperidade.

Os antigos gregos observavam ritos de purificação, o que também devemos fazer!

A vida é um processo contínuo de purificação. Se tentar ignorar o processo de limpeza em seus pensamentos e sentimentos, você não obterá prosperidade, pois não limpou a mente e as emoções para receber os bens que deseja.

A Dra. Evelyn Underhill explicou: "O processo de limpeza representa uma grande parte de nossa vida espiritual. Se não conseguimos a purificação nesta vida, isso é responsabilidade nossa."

## Como limpar a mente

Você precisa se livrar daquilo que não quer, para dar lugar ao que quer. A riqueza (dinheiro, poder da mente) não flui facilmente para uma situação confusa, tumultuada. A riqueza não flui facilmente para uma mente confusa, tumultuada. A riqueza não flui facilmente para um estado emocional confuso, desordenado e cheio de rancor.

Você precisa começar a criar um vácuo, tanto exterior quanto interior. As influências magnéticas são transmitidas perfeitamente através do vácuo. *Ao criar um vácuo, você começa a atrair a sua prosperidade!* Já vi isso acontecer centenas de vezes.

## Limpeza exterior

Livre-se daquilo de que você não necessita exteriormente. Faça uma faxina, limpe os armários, as gavetas da mesa de trabalho, a casa, o carro, o escritório. Criar um vácuo no mundo exterior faz com que a pessoa que crê saia de sua mente inconsciente, o que irá agir interiormente para manifestar a maior prosperidade para ela.

É preciso se libertar do velho para dar lugar ao novo. Você pode revelar sua riqueza ao formar um vácuo.

Certa noite, uma mulher em Chicago ouviu falar da lei do vácuo em uma palestra, e resolveu não ir para o trabalho e ficar em casa no dia seguinte e limpar os armários e as gavetas. Nada aconteceu enquanto ela limpava os armários, mas quando estava limpando as gavetas, encontrou trinta dólares que havia guardado e esquecido!

Outra mulher formou um vácuo limpando suas bolsas. Numa delas, encontrou quarenta dólares que havia esquecido.

Uma dona de casa criou um vácuo ao se desfazer de velhos lençóis que não combinavam e que estavam em seu armário de roupa de cama e mesa. No dia seguinte, ela recebeu de presente vários novos conjuntos de lençóis e fronhas. Mas nada acontecera até que ela tivesse criado um vácuo para recebê-los.

Uma afirmação maravilhosa para você utilizar a fim de criar um vácuo é: "AGORA EU ME LIBERTO DAS COISAS, DAS SITUAÇÕES E DOS RELACIONAMENTOS DESGASTADOS. A ORDEM DIVINA ESTÁ AGORA ESTABELECIDA E SERÁ MANTIDA EM MIM E NO MEU AMBIENTE."

## A prosperidade chega rapidamente quando se cria um vácuo

Um músico do Sul da Califórnia havia estudado há pouco tempo a lei da prosperidade por meio do vácuo e decidiu aplicá-la limpando seu armário. Dentro de 24 horas, aconteceram os seguintes fatos:

Como ele era professor de música de uma escola pública, precisava de um emprego de verão. Enquanto limpava o armário, teve a idéia de dar cursos intensivos de música durante aquele período em faculdades e universidades. Ele telefonou para seu representante em Nova York, que gostou tanto da idéia que dentro de algumas horas havia programado cursos nas principais universidades de todos os Estados Unidos, mediante ótimos honorários.

O segundo fato que aconteceu foi que outro músico lhe telefonou e disse: "Tenho recebido muitos convites para trabalhar à noite e nos fins de semana e não posso atendê-los. Posso indicar o seu nome para me substituir em alguns desses convites?"

Isso possibilitou que ele recebesse um segundo salário durante todo o ano, exatamente na sua vizinhança.

Na manhã seguinte, depois de ter feito a limpeza do armário, ele estava indo de carro para o trabalho por uma das famosas rodovias da Califórnia. Enquanto dirigia, ele viu um carro enguiçado. Normalmente ele teria acelerado, mas intuitivamente sentiu-se levado a parar e oferecer ajuda.

O proprietário do carro enguiçado era uma mulher que usava um uniforme branco. Depois de examinar o carro dela, ele disse: "Creio que o motor está apenas superaquecido. Vamos esperar alguns minutos e, se ele não der partida, eu a levarei até a oficina mais próxima onde poderá conseguir ajuda."

Notando o uniforme branco, ele perguntou: "Você faz trabalhos domésticos?"

"Sim", foi a resposta.

"Você tem alguns dias disponíveis?", indagou ele.

"Sim, tenho uma quinta-feira a cada quinze dias."

"Bem. Se quiser trabalhar para minha mulher, está contratada."

O professor explicou que há meses vinham tentando encontrar alguém para ajudá-los. Depois, ele exclamou com excitação: "Se tudo isso aconteceu apenas com a limpeza do armário, mal posso esperar para ver o que acontecerá quando eu limpar a garagem!"

## Desfaça-se das coisas dispendiosas, até mesmo das novas

Ao criar um vácuo exterior, é bom se desfazer do que é dispendioso bem como do que não é, se esses objetos dispendiosos não lhe forem mais úteis.

Certa vez eu possuía dois encantadores vestidos de veludo dos quais hesitava em me desfazer porque tinham custado caro. Mas cada vez que eu olhava para eles pendurados no armário, via que não me serviam mais e não tinham utilidade para mim.

Finalmente decidi desfazer-me deles, embora fossem modelos exclusivos de estilistas. Em menos de uma semana, recebi uma carta de minha irmã dizendo: "Tenho um encantador vestido de veludo que comprei no exterior. Ele é, sem dúvida, o vestido mais caro que já tive, mas não o uso. Estou enviando-o pelo correio, na expectativa de que você possa usá-lo nas palestras que faz."

Com certeza! Ele chegou exatamente na hora para me acompanhar na viagem seguinte, e sua cor até combinou com o auditório no qual eu falei. Além disso, ele havia custado mais do que os dois vestidos dos quais eu me havia desfeito.

Essa experiência ensinou-me que, ao se desfazer das coisas dispendiosas, a pessoa abre caminho para algo mais bonito, sem pagar nada por isso.

Uma vez, o Dr. Ernest Wilson deu-me a seguinte explicação: "Não precisamos nos livrar apenas do que consideramos mal. Também precisamos nos livrar de formas do bem. O bem raramente é estático. Ele é progressivo. Evolui. Muda. Temos de deixar que ele seja assim. Temos de nos livrar de formas costumeiras do bem, quando isso é necessário para o nosso progresso ou para o de outra pessoa. Não podemos ter receio de que a lei que trouxe esse bem não trará outro para substituí-lo. Precisamos estar prontos para deixar que os anjos se vão, para que os arcanjos possam entrar na nossa vida. Desapegue-se do bem, mantenha-o moderadamente, liberte-o de bom grado."

Às vezes é de algo novo que precisamos nos livrar. Você já comprou alguma coisa por impulso, para constatar mais tarde que não precisava dela? Nesse caso, em vez de se sentir culpado por tê-la comprado impulsivamente, devolva-a ou livre-se dela de alguma forma. Ao agir dessa maneira, você possibilita que o bem equivalente chegue até você.

Certa vez comprei um vestido longo por impulso, só para mais tarde constatar que ele não me servia. Logo depois de tê-lo dado de presente a uma pessoa que ficara encantada com ele, a vendedora que costumava me atender telefonou-me para dizer que acabara de receber diversos vestidos longos que pareciam ser exatamente o que eu estava procurando. Depois de examiná-los, encontrei um que prontamente substituiu aquele do qual eu havia me livrado. Ele era muito mais apropriado.

Um homem de negócios disse-me recentemente: "Também vale a pena livrar-se daquilo que não é eficaz. Passei muito tempo assustado com um problema de saúde que os médicos não podiam sanar. Um dia, resolvi criar um vácuo, jogando fora meus remédios. Desde então, nunca mais tive nenhum acesso."

## Limpeza por meio da ordem

Você pode limpar a mente para a prosperidade, colocando em ordem a maioria das coisas. Enquanto fizer isso, afirme a ordem divina.

Deus não viola a sucessão ordenada de eventos. Pelo contrário, Ele parece impedir que o acontecimento seguinte se suceda até que, antes, a ordem seja estabelecida na atual situação, no atual estado de espírito.

O carro de um universitário bateu no carro de um dos seus professores. A companhia de seguros do jovem não atendeu devidamente ao pedido de indenização. A pendência arrastou-se por dois meses, até que o professor admitiu que não havia afirmado a ordem divina. Quando conseguiu acalmar-se e fazer a afirmação, foi chamado para outra entrevista com o avaliador de seguros. Dessa vez, os papéis estavam prontos para que ele os assinasse e um cheque estava à sua disposição.

Emerson referiu-se a uma "ordem sublime" em vez de ordem divina. Ele escreveu a respeito do homem que se coloca "jubilante na ordem sublime". Uma boa afirmação para esse fim é: "ENCONTRO-ME NA ORDEM DIVINA. ENCONTRO-ME AGORA NA ORDEM SUBLIME."

Quando as coisas parecem conflitantes e fora de ordem, não se precipite desvairadamente tentando corrigi-las de uma maneira exterior ou tentando mudar outras pessoas e torná-las mais compatíveis. Em vez disso, lembre-se de que a falta de ordem está, antes de tudo, dentro de você. Se puder colocar em ordem os seus pensamentos e sentimentos, as pessoas, as situações e até o universo irão reagir de uma maneira mais ordenada.

Duas mulheres estavam viajando de carro durante uma tempestade, quando uma delas lembrou-se de afirmar a ordem divina. Imediatamente a cerração desapareceu, a chuva cessou e elas continuaram a viagem com o tempo firme.

Declare com freqüência: "O FLUXO E O REFLUXO DE TUDO EM MINHA VIDA SÃO ESTABELECIDOS PELA ORDEM DIVINA. ESTOU EM PAZ E TRANQÜILO."

## Faça uma lista do que precisa ser eliminado

Você pode purificar a mente para a prosperidade relacionando por escrito as coisas que quer eliminar da sua vida.

Durante muitos anos, eu fazia listas daquilo que queria manifestar na minha vida. Mas um irritante problema não desaparecia e eu não entendia por quê. Finalmente, li um livrinho que sugeria que primeiro deveríamos anotar o que desejávamos eliminar da vida, e depois fazer uma lista do que desejávamos manifestar. Esse, dizia o livro, era o método para modificar a nossa vida.

Experimentei essa sugestão e ela funcionou. Na verdade, foi surpreendente a rapidez com que aquele desagradável problema desapareceu da minha vida, depois de ter batalhado contra ele durante anos, quando aventurei-me a escrever que desejava que o problema fosse resolvido.

## Purificação interior por meio da libertação

A eliminação tem duas finalidades: livrar você do que está errado e expandir as suas virtudes. A eliminação de alguma coisa de sua vida é sempre uma indicação de que algo melhor está a caminho! Depois de anotar o que você deseja eliminar, é bom declarar: "EU ME LIBERTO DISSO E CONFIO."

Quando uma pessoa está tentando alcançar um resultado e isso não acontece, geralmente é porque ainda existe alguma coisa na mente, no corpo, nos negócios ou nos relacionamentos à qual é preciso renunciar, dela se libertar, liberá-la ou eliminá-la. Enquanto a pessoa estiver adiando esse processo de eliminação, estará adiando os resultados.

Cada fase da vida exige renúncia. Cada avanço significa a rejeição de alguma coisa antiga. Mas a eliminação não apenas *tira* alguma coisa de você, ela também lhe *dá* alguma coisa!

Um empresário de Detroit disse com ceticismo: "Como a minha mente subconsciente sabe o que eliminar? Ela pode eliminar a coisa errada."

A mente subconsciente não sabe. Mas o superconsciente, ou a Mente de Cristo, sem dúvida sabe o que eliminar e trabalhará por meio das atividades conscientes e subconscientes para eliminar corretamente do seu mundo o que for preciso, quando você invocar a consciência de Cristo para fazê-lo. Você pode fazer isso utilizando afirmações que declarem que a Mente de Cristo que tudo conhece está realizando a eliminação: "o Cristo que existe em mim é o meu poder de liberação. O Cristo que existe em mim é o meu poder de libertação. O Cristo que existe em mim liberta-me agora de todo ressentimento ou apego a pessoas, lugares ou coisas do passado ou do presente. Neste momento, liberto-me de todas as coisas e de todas as pessoas do passado e do presente que não fazem mais parte do plano divino para a minha vida. O Cristo que existe em mim manifesta agora meu verdadeiro lugar com as pessoas verdadeiras e a verdadeira prosperidade."

Certa vez utilizei essas afirmações de liberação numa ocasião em que eu sentia uma insatisfação generalizada na minha vida, mas não sabia o que precisava ser eliminado. Em breve me foi oferecido um encantador apartamento em um condomínio onde há muito eu desejava morar. Com a mudança veio a liberação de antigos móveis e influências pessoais, das quais eu desejava me ver livre. O novo ambiente proporcionou-me uma nova perspectiva de vida. Embora eu não houvesse compreendido que necessitava da mudança e só nesse momento pudesse tê-la feito, a Mente de Cristo sabia disso e a providenciou quando eu utilizei as citadas afirmações de liberação. A Inteligência Divina sempre sabe o que fazer e responde quando apelamos para ela.

## Elimine as impurezas da sua vida

Ao mesmo tempo em que limpa os armários, você também precisa limpar a sua vida, se quiser purificar a mente para a prosperidade.

Se quiser ter prosperidade, livrar-se de todo o mal e ter suas preces atendidas, você precisa livrar a sua vida das impurezas e colocá-la em ordem. *É inútil invocar benefícios, proteção, ajuda, orientação ou cura, se durante todo o tempo você estiver fazendo coisas que sabe que não são corretas aos olhos de Deus e dos homens.*

Com muita freqüência, quando uma pessoa compreende pela primeira vez o poder do pensamento, acha que pode usar o poder mental para obrigar as outras a fazerem o que ela quer. Ela tenta remendar a própria vida com afirmações. Pode até obter alguns resultados, mas esses resultados serão apenas transitórios, a menos que tenham sido alicerçados sobre uma base correta.

Uma viúva solitária vinha levando uma vida sentimental e moral questionável desde a morte do marido, sentindo que para mudar esse comportamento deveria tomar alguma providência. Finalmente, ela compreendeu que, se desejasse casar novamente, deveria limpar e purificar a sua vida. Foram necessários pelo menos seis meses para se livrar de relacionamentos comprometedores, mas depois que ela fez isso houve um tranqüilo período de confiança em Deus para lhe mostrar o caminho. Dentro de um ano ela se casou com um homem de bem, que ela não teria conhecido se continuasse naquele círculo anterior de amizade.

É verdade que Deus (como lei divina) impede o desenvolvimento subseqüente até que a ordem seja estabelecida na situação presente. Aquela mulher provou que a eliminação tem um efeito duplo e que, quando ela eliminou o erro de sua vida, ocorreu a manifestação do bem.

Para libertar-se de seus relacionamentos, afirme: "O CRISTO QUE ESTÁ EM MIM LIBERTA-ME AGORA DE TODAS AS COISAS E DE TODAS AS PESSOAS QUE NÃO FAZEM MAIS PARTE DO PLANO DIVINO PARA A MINHA VIDA. TODAS AS COISAS E TODAS AS PESSOAS QUE NÃO FAZEM MAIS PARTE DO PLANO DIVINO PARA A MINHA VIDA LIBERTAM-ME NESTE MOMENTO. O CRISTO QUE ESTÁ EM MIM REVELA, ESCLARECE E MANIFESTA NESTE MOMENTO O PLANO DIVINO PARA A MINHA VIDA!"

## Purifique a mente por meio do perdão

Purifique a mente para a prosperidade por meio da prática do perdão. Muitas pessoas não têm uma prosperidade duradoura, não importa o que façam, porque cultivam ressentimentos e sentimentos negativos para com outras pessoas. Até que deixem isso de lado e perdoem, a prosperidade não acontece.

A palavra *perdoar* não significa simplesmente "resignar-se". O perdão não é um ato exterior desagradável, melodramático, no qual a pessoa diz "Estou arrependido" quando não está. Ao contrário, o perdão é um agradável ato interior que deixa você em paz consigo mesmo e com os outros.

É bom oferecer a si mesmo uma terapia de perdão universal todos os dias. Isso mantém a sua mente e as suas emoções livres de sentimentos negativos que poderiam bloquear a felicidade: "Tudo o que me ofende, eu perdôo. Interior e exteriormente, eu perdôo. Acontecimentos passados, acontecimentos presentes, acontecimentos futuros, eu perdôo. Eu perdôo todas as coisas e todas as pessoas que talvez possam precisar de perdão. Sou livre e todas as outras pessoas também são livres. Todas as questões que existem entre nós estão em ordem, agora e para sempre."

## Os efeitos miraculosos do perdão

Uma professora sofreu um colapso nervoso e seu patrão informou-a de que ela não voltaria mais a ensinar na escola. Mesmo quando o médico autorizou a sua volta ao trabalho, seu patrão recusou-se a recebê-la de volta. Ela e o marido tinham filhos que logo precisariam ir para a faculdade. Também precisavam de uma casa maior e de outro carro. Essa mulher precisava urgentemente voltar a trabalhar.

Quando tomou conhecimento do poder do perdão para conseguir a prosperidade, ela compreendeu que a grande quantidade de sentimentos negativos que existia entre ela e o patrão poderia estar bloqueando a sua felicidade. Ela sentou-se uma tarde com uma amiga e proferiu palavras de perdão para ele: "O Cristo que está em você é o seu poder para perdoar. O Cristo que está em você é o seu poder para libertar. O Cristo que está em mim é o meu poder para perdoar. O Cristo que está em mim é o meu poder para prosperar imediatamente."

Pouco tempo depois, ela soube que o patrão havia decidido ir para o estrangeiro a fim de estudar durante um ano. O homem que o substituiu não se opôs a contratá-la outra vez como professora substituta.

*Quando guarda ressentimento por alguém ou por alguma coisa, você fica ligado a essa pessoa ou situação por um vínculo emocional mais forte do que o aço. A prática do perdão é a única maneira de romper esse vínculo e de se libertar.*

O vôo de um empresário sofreu um atraso em conseqüência do mau tempo. Ele precisava fazer algumas conexões durante a viagem para uma importante reunião de negócios. Sabendo que o ressentimento bloqueia o que é benéfico para a pessoa, e que no caminho para o aeroporto ele havia pensado com ressentimento sobre um concorrente, ele sentou-se em silêncio na sala de espera e mentalmente disse: "NÃO HÁ COMPETIÇÃO EM CRISTO E NÃO HÁ COMPETIÇÃO ENTRE NÓS. O AMOR GENEROSO DE CRISTO PERDOA E ELIMINA QUALQUER SENTIMENTO RUIM ENTRE NÓS, AGORA E PARA SEMPRE."

Um pouco depois, ele foi informado por funcionários da companhia aérea de que o tempo estava melhorando e que um avião o levaria para o seu destino a tempo. Foi como se os seus pensamentos de ressentimento o tivessem literalmente retido no aeroporto até que ele perdoasse aquele homem.

Uma vez que a palavra *perdoar* significa simplesmente "desistir", em geral a melhor maneira de perdoar os outros é simplesmente desistir de todos os maus pensamentos a respeito deles, bem como todo o contato exterior com eles.

## O perdão é um processo contínuo

O perdão é um processo contínuo. Sempre que há um bloqueio do que é benéfico para mim, pergunto: "Pai, a quem necessito perdoar? De que experiência ou situação eu preciso para perdoar?" Uma pessoa que saiba e pronuncie palavras de perdão para alguém ou para alguma coisa em uma determinada situação pode eliminar o problema, não importa o que os outros estejam fazendo ou dizendo.

Uma mulher compareceu a uma palestra sobre o perdão e mentalmente pronunciou palavras de perdão para o marido, que a havia deixado há mais de uma década. Desde então, não tivera notícias dele. Dentro de 24 horas, ele telefonou de longe, pedindo para vê-la novamente.

Um famoso conselheiro matrimonial disse que um bom casamento requer uma grande dose de perdão. Podemos parafrasear essa afirmação e dizer que uma *vida* boa requer uma grande dose de perdão.

Uma empresária desiludida compareceu a uma palestra a respeito do perdão e, no final, disse: "Sinto-me muito bem. Acabo de perdoar todas as pessoas que conheço." O palestrante sugeriu que dali em diante ela continuasse a pronunciar palavras de perdão todos os dias, uma vez que o perdão é um processo contínuo. Algumas semanas depois, a mulher retornou e disse: "Venho praticando o perdão e sinto-me péssima. É que eu não sabia que odiava tantas pessoas."

Se as pessoas praticassem diariamente o perdão, provavelmente iriam deixar sem trabalho a maioria dos médicos, psiquiatras, psicólogos e financiadoras, porque todo o mundo seria saudável e próspero.

## Como conseguir que os outros o perdoem

Ao mesmo tempo que você expressa o seu perdão aos outros, afirme que eles também o perdoam, porque subconscientemente assim o desejam, quer saibam disso ou não. Todos querem se livrar de emoções negativas, quer conscientemente admitam isso ou não.

Diga aos outros: "O CRISTO QUE ESTÁ EM VOCÊ ME PERDOA E ME LIBERTA. TODAS AS COISAS ESTÃO ESCLARECIDAS ENTRE NÓS AGORA E PARA SEMPRE."

Uma mãe costumava ter discussões acaloradas com a filha adolescente, que finalmente fugiu com o namorado. A mãe libertou emocionalmente a filha e afirmou que ela a perdoava por todos os sentimentos de animosidade ou rancor entre elas. Durante algum tempo, isso não pareceu surtir efeito nenhum, mas ela continuou a fazer essa afirmação. No devido tempo, elas estabeleceram um relacionamento mais íntimo e espontâneo, mas com mais liberdade para ambas.

Há cerca de um ano, durante uma meditação matinal, o nome de um colega de trabalho me veio à mente e tive uma sensação desagradável a respeito dele. Alguns meses antes, eu havia sugerido um determinado projeto ao qual ele se opusera, e assim não fora aprovado. Todas as manhãs o nome dele surgia na hora de minhas orações. Tentei não pensar nisso, mas continuava a ter uma sensação desagradável e de tristeza a respeito dele.

Finalmente, compreendi que talvez houvesse necessidade de perdão mútuo entre nós, embora conscientemente eu não guardasse nenhum sentimento de inimizade. Quando pronunciei palavras de perdão para ele, nada mudou. Mas quando comecei a afirmar que ele me perdoava, senti que a sensação desagradável e de tristeza começava a desaparecer. Depois de três ou quatro sessões de orações matinais, a sensação desapareceu completamente. Algumas semanas mais tarde, esse colega de trabalho entrou em contato comigo e sugeriu que déssemos continuidade ao projeto que eu havia recomendado há alguns meses. Nós fizemos isso — e ele provou ser um dos mais bem-sucedidos que já executamos.

## Como proporcionar e conseguir libertação emocional

Uma ótima fórmula é perdoar os inimigos e libertar os amigos. Perdoe as pessoas das quais você tem raiva ou ressentimento. Liberte as pessoas que você ama.

Liberte as pessoas amadas e deixe que vão à procura do que for bom para elas. Isso pode ser exatamente o que você não deseja fazer. Você acha que eles precisam de seu apoio, de sua ajuda e de sua compreensão. Mas, quando você tenta ajudá-las, mantendo para com elas uma atitude possessiva, elas se irritam por não se sentirem livres pelo fato de amá-lo e provavelmente criam um problema entre vocês.

Lembre-se do seguinte a respeito da libertação: *A libertação emocional nunca nos leva a perder alguma coisa que ainda nos pertença por herança divina. Pelo contrário, ela propicia a manifestação do que nos é benéfico de maneira melhor do que antes.*

As pessoas possessivas e dominadoras têm todo tipo de problema. As pessoas que se deixam possuir pelas outras também têm todo tipo de problema. Existe uma maneira simples para conseguir se livrar e livrar as outras pessoas da possessividade e da dominação, e isso se faz simplesmente pronunciando palavras de libertação: "O CRISTO QUE ESTÁ EM MIM NESTE MOMENTO LIBERTA-ME DE TODO APEGO COM RELAÇÃO A PESSOAS, LUGARES OU COISAS DO PASSADO OU DO PRESENTE. O CRISTO QUE ESTÁ EM MIM NESTE MOMENTO É MINHA FORÇA DE LIBERTAÇÃO."

Para os outros, com relação a você: "O CRISTO QUE ESTÁ EM VOCÊ NESTE MOMENTO O LIBERTA DE TODO APEGO COM RELAÇÃO A PESSOAS, LUGARES OU COISAS DO PASSADO OU DO PRESENTE. O CRISTO QUE ESTÁ EM VOCÊ NESTE MOMENTO É SUA FORÇA DE LIBERTAÇÃO."

Certa vez, quando me sentia ligada a pessoas e situações, fiz uso dessas afirmações e imediatamente senti-me transportada para um ambiente novo e agradável, livre de antigas lembranças e possessões. Algumas pessoas rapidamente desapareceram de minha vida e encontraram o seu bem-maior em outro lugar. As pessoas, os lugares e as coisas responderam àquelas afirmações de libertação.

Uma pessoa possessiva geralmente dissemina a substância de seus pensamentos e sentimentos na vida de outra pessoa, de modo que ela se esgota emocional e fisicamente. Fortes ligações possessivas emocionais causam muitos dos nossos problemas — de dinheiro, de saúde e de relacionamento.

Afirme com freqüência: "EU, NESTE MOMENTO, LIBERTO E FICO LIVRE DE TUDO E DE TODOS QUE NÃO FAZEM MAIS PARTE DO PLANO DIVINO PARA A MINHA VIDA. TUDO E TODOS QUE NÃO FAZEM MAIS PARTE DO PLANO DIVINO PARA A MINHA VIDA ME LIBERTAM NESTE MOMENTO."

Uma empresária havia se divorciado há vinte anos. Ela queria se casar outra vez e achava que tinha encontrado o homem de seus sonhos, mas ele não lhe propunha casamento. Ela esperou pacientemente durante vários anos.

Finalmente, ela falou a respeito do problema com uma amiga, que disse: "Deve haver alguma coisa do passado que precisa ser perdoada e liberada." A amiga perguntou então a respeito de seu último marido. "Oh, eu o perdoei pela infelicidade que ele me causou no passado, e ele voltou a se casar. Mas uma coisa estranha acontece. Quando meu nome é pronunciado na presença dele, ele sempre fica extremamente negativo e chateado."

A amiga dela disse: "Esse deve ser o bloqueio. Vamos declarar aqui e agora que ele a perdoa e liberta para sempre."

Essas duas mulheres sentaram-se então tranqüilamente e pronunciaram o nome do último marido, declarando: "O CRISTO QUE ESTÁ EM VOCÊ ME PERDOA E LIBERTA AGORA E PARA SEMPRE."

Pouco tempo depois disso, um estranho apareceu no escritório dela para inspecioná-lo. Ele ficou muito interessado nela pessoalmente, e começou a lhe enviar bombons e flores. Ela aceitou seus diversos convites para jantar. Seu acompanhante de vários anos não gostou nada disso. Na verdade, ele rapidamente propôs-lhe casamento e eles se casaram. Mas nada tinha acontecido até que ela dissesse palavras de perdão e libertação pelo último marido.

## Como se livrar de situações problemáticas

Também é bom pronunciar palavras para se livrar de situações ou problemas com os quais você venha lutando, mas que não consegue resolver. Eles geralmente reagem rapidamente a esta afirmação: "EU LIBERO ESSA SITUAÇÃO (ESSAS PESSOAS) PARA A AÇÃO PERFEITA DA CONSCIÊNCIA DE CRISTO NESTE MOMENTO. AGORA, EU AS LIBERTO E DEIXO PARTIR COMPLETAMENTE."

Uma vez, quando eu vinha lutando com um complexo problema de relacionamento, durante semanas, sem nenhum proveito, liberei-o para a consciência de Cristo (que é a consciência do milagre) com as palavras acima. Esse ato trouxe-me uma completa paz pela primeira vez, e dentro de uma semana o problema tinha sido rapidamente solucionado por si mesmo de uma maneira que eu jamais havia previsto.

Uma dona de casa estava de mudança e necessitava de uma empregada para ajudá-la a encaixotar suas coisas, mas não encontrava nenhuma. Uma tarde, depois de ter se dedicado a essa tarefa durante todo o dia, ela disse finalmente: "Pai, eu libero essa tarefa e essa mudança para o senhor. Não posso fazer isso sozinha, assim coloco tudo em Suas mãos." Depois ela se retirou e foi dar um cochilo. Uma hora mais tarde, ela foi despertada pelo toque do telefone. Uma voz na linha disse: "Aqui é Mary, sua empregada de dois anos atrás. De repente tive a sensação de que a senhora poderia precisar de mim mais uma vez. Se precisar estou à sua disposição."

Alguém disse: "A vida em geral é difícil, mas aos poucos se torna fácil." Na verdade, quando pratica diariamente o perdão e liberta as pessoas, os lugares e as coisas, você desobstrui os canais para as coisas boas.

Afirme com freqüência: "NESTE MOMENTO, MANTENHO UM RELACIONAMENTO CORRETO COM TODAS AS PESSOAS E COM TODAS AS SITUAÇÕES."

O marido de uma mulher que me escreveu estava com a saúde abalada, dois de seus filhos sofriam com casamentos infelizes e ela enfrentava dificuldades financeiras. Finalmente, ela disse, referindo-se a todos os seus problemas: "NESTE MOMENTO ENTREGO TUDO A DEUS. NADA POSSO FAZER POR MIM MESMA." Em questão de dias, ela obteve um empréstimo. Em poucas semanas, os inquietantes problemas de saúde do marido diminuíram. E daí a um mês, o casamento dos filhos se harmonizou.

## Cura pela liberação

Uma empresária, com muitas dores, entrou claudicante na sala onde se realizava uma palestra a respeito da prosperidade. Havia um espinho em seu pé que o médico não conseguia localizar. Ela achava que seria melhor deixar que o espinho saísse por si mesmo em vez de se submeter a uma intervenção cirúrgica.

Durante a palestra, ela tomou conhecimento do poder de cura da liberação e, nessa tarde, liberou verbalmente seus problemas de saúde para o Pai. Tarde da noite, ela despertou com uma pontada de dor no pé afetado. Um exame mais atento revelou que a pele se rompera e o espinho estava saindo. Ela pôde extraí-lo com facilidade e, em poucas horas, voltou a caminhar normalmente. As palavras de liberação a tinham livrado literalmente de uma indesejável situação física.

## Resumo

1. A limpeza ou purificação é a primeira etapa da prosperidade. Sem libertar-se mental e emocionalmente, e em nosso mundo visível, não pode haver prosperidade permanente e satisfatória.
2. Para demonstrar a verdadeira prosperidade, você precisa se livrar do que não quer e abrir caminho para o que quer.
3. Você pode conseguir isso criando um vácuo exterior. Esvaziar e limpar armários, gavetas, arquivos, mesas de trabalho, o carro,

a garagem, etc. faz com que a pessoa que crê abandone as sensações da mente subconsciente, que então se ocupa em trabalhar com a mente consciente para limpar o seu mundo para a prosperidade.

4. Crie um vácuo exterior também afirmando a ordem divina e colocando todas as coisas em ordem: "ENCONTRO-ME NA ORDEM DIVINA. MEU MUNDO SE ENCONTRA AGORA NA ORDEM DIVINA."
5. Faça uma lista das coisas e situações (mesmo das pessoas) que você quer eliminar de sua vida — tanto as palpáveis quanto as impalpáveis.
6. Ao mesmo tempo em que limpa os armários, esvazie e limpe a sua vida. Os "esqueletos no armário" têm de desaparecer, se você deseja realmente prosperar.
7. Pratique o perdão pelos outros. Isso é mais fácil do que você pensa. Faça isso pronunciando palavras de perdão.
8. Declare que os outros perdoam. No subconsciente, eles querem perdoar.
9. Quando você perdoar os seus inimigos, liberte os seus amigos. Você jamais perderá alguma coisa por meio da liberação emocional; você abre caminho para que o mais elevado bem de todos os envolvidos se manifeste sem dominação possessiva ou apego pessoal excessivo.
10. Declare que os outros o perdoam. Palavras de libertação eliminam a possessividade e a sujeição quando você proclama que o Cristo, na situação e nas pessoas envolvidas, é o poder que libera.
11. Libere também as situações e condições que você não pode solucionar. Essa liberdade quase sempre se manifesta rapidamente em soluções perfeitas.

# Primeiro, crie mentalmente a sua prosperidade — por escrito

# 3



Certa vez fiz uma palestra em Nova Orleans sobre o tema "Você Pode Ter Tudo". Depois que a palestra tinha começado, um empresário entrou correndo no auditório, e disse quase sem fôlego para o encarregado de indicar os lugares: "Espero não estar muito atrasado, pois estou aqui para conseguir tudo!"

Há um modo de você conseguir "tudo" — comece criando mentalmente o que for bom para você. Estima-se que o sucesso pode ser 98 por cento de preparação mental e apenas dois por cento de ações exteriores. Jesus deve ter feito muita preparação mental antes de multiplicar os pães porque, antes disso, ele havia ficado em companhia de algumas das pessoas que desejava alimentar, orando e dando graças.

Você pode criar mentalmente a sua prosperidade de três modos:

1. Por escrito.
2. Por meio de imagens.
3. Em palavras.

Há algumas décadas, quando comecei a escrever a respeito da prosperidade, meu filho e eu vivíamos em um cômodo. Podíamos ainda estar vivendo naquele cômodo se não tivéssemos começado a criar, antes, a nossa prosperidade, escrevendo-a, imaginando-a e afirmando-a.

Foi enquanto estávamos vivendo nesse cômodo que eu ouvi falar sobre essas três maneiras de criar mentalmente a prosperidade. Quando eu e meu filho começamos a utilizá-las, elas deram resultado. Isso me convenceu de que deveria falar aos outros a respeito delas.

Pare de procurar os outros para obter a sua prosperidade. Comece a utilizar essas três técnicas simples de prosperidade descritas neste e nos dois capítulos seguintes. Ao fazer isso, você irá, em primeiro lugar, criar mentalmente a sua prosperidade. Ela irá fluir do plano mental para o plano visível com resultados palpáveis.

Durante alguns anos, meu filho e eu moramos em um cômodo que nos fora arranjado pela igreja à qual eu estava servindo. Os administradores pareciam convencidos de que haviam nos arranjado o que nos era conveniente. A situação financeira da igreja, naquele momento, com certeza, não parecia favorável a ponto de nos proporcionar outro tipo de moradia mais esmerada. No entanto, o local onde morávamos na ocasião era, com certeza, insuficiente. Diversas vezes eu já havia, timidamente, mencionado esse fato, mas a reação fora sempre a mesma. A igreja não tinha fundos para nos proporcionar uma residência paroquial — ponto final.

Durante muitos meses pensei comigo mesma, cheia de ressentimento: "Por que alguém não faz alguma coisa?"

Finalmente me ocorreu: "Por que *você* não faz alguma coisa? Por que você primeiro não cria mentalmente a sua prosperidade?"

Foi então que meu jovem filho e eu decidimos colocar por escrito, em imagens e em afirmações o que desejávamos — uma casa paroquial da igreja.

Depois de redigirmos a nossa lista, colocar desenhos em um mapa do tesouro e começar a dizer em voz alta a afirmação: "EU ESTOU MARAVILHOSA E ADEQUADAMENTE INSTALADO COM A MAGNÍFICA ESSÊNCIA DE DEUS", aconteceu uma coisa surpreendente. Um dia um homem entrou na igreja e disse que havia recebido uma herança e desejava doar a décima parte dela à igreja.

"Qual o valor do dízimo oferecido?", perguntei.

"Oito mil dólares", respondeu ele.

"Ótimo! Essa será a entrada para a compra de uma nova casa paroquial para a igreja."

Em questão de dias, uma encantadora casa havia sido localizada na área mais bela da cidade e as negociações foram rapidamente concluídas. Antes que nos déssemos conta, meu filho e eu estávamos nos mudando para uma casa nova, com móveis novos. E de uma maneira igualmente rápida — talvez um prêmio extra por todas as nossas orações — apareceu uma excelente empregada doméstica, que *insistiu* em trabalhar para nós. Ela tinha lido alguns de meus artigos e desejava saber mais a respeito do pensamento motivador da prosperidade.

Parecia um milagre, pois uma empregada doméstica era como um prêmio, uma vez que dificilmente ela estaria dentro de meus limites financeiros em circunstâncias normais. Como ela previra, o seu contato pessoal com o pensamento de prosperidade provou-se valioso. Como mencionei em um capítulo anterior, mais tarde ela demitiu-se do emprego como minha empregada doméstica e fez o que sempre desejara fazer: tornou-se costureira, uma profissão na qual ela ainda é muito solicitada.

## Por que você precisa, primeiro, criar mentalmente a sua prosperidade?

O homem é um ser espiritual e mental e se expressa no mundo exterior por meio da mente.

Como um Pai amantíssimo, Deus é a fonte de sua prosperidade. Esse mesmo Pai criou a substância do universo (que eu prefiro denominar "ouro em pó") que você pode moldar e transformar em prosperidade. Essa substância não oferece resistência e é impessoal, e espera que você lhe dê pessoalmente a forma que desejar.

Você é o senhor da rica substância do universo.

Faça valer o seu poder e adapte, molde e dê forma a essa substância com pensamentos, palavras e ações positivos. Ao ser positivo com respeito à prosperidade, ela se torna positiva com você. *Ao direcionar a grande energia de seu pensamento para a idéia de abundância, você terá abundância, não importando o que as pessoas estejam dizendo ou fazendo a seu respeito.*

É escrevendo, imaginando e afirmando a prosperidade que seus pensamentos, palavras e ações começam a atuar em seu favor de maneira favorável, auspiciosa e produtiva.

Comece agora a ser objetivo a respeito da prosperidade, sentando-se e fazendo uma lista das coisas boas que você deseja experimentar na sua vida.

Emma Curtis Hopkins, uma importante professora do Evangelho no início do século XX, disse certa vez: "Sente-se em uma determinada hora todos os dias e escreva em um papel quais são suas idéias a respeito do bem. Você irá descobrir que essa prática irá fixar a sua mente no Evangelho e você irá sentir o resultado disso."

Outro eminente metafísico, o Dr. Emmet Fox, disse que é dessa maneira que você "muda a sua vida".

Lembre-se disto: Se você apenas leva a vida sem nenhuma determinação ou propósito definido, torna-se uma vítima desamparada das circunstâncias. Se seus desejos não são claros e objetivos, você fica sujeito às personalidades dominadoras daqueles que o cercam. A maneira de superar as dificuldades é estabelecer uma meta por escrito.

Em algum momento da vida, você já ficou sujeito à personalidade dominadora de alguém que sabia o que queria, e descobriu que estava sendo induzido por essa pessoa? Eu já!

Meu filho geralmente sabia o que queria, em detalhes. Certa vez olhei pela janela e verifiquei que os dois carros esporte que estavam estacionados lá fora eram ambos resultado dos desejos precisos de Richard — não dos meus. Nunca tive qualquer preferência por carros, mas, como a maioria dos homens, Richard tinha. O resultado foi que não somente ele estava dirigindo um carro esporte equipado para corridas — mas eu também estava!

Além do mais, lembre-se do seguinte:

Se você não sabe o que quer e não tem nenhum objetivo estabelecido, sua mente subconsciente produz um aglomerado de circunstâncias. É por isso que existe muita confusão na vida de pessoas passivas. *Concentre-se em uma coisa durante muito tempo e esteja certo de que a conseguirá. Tenha sempre em mente um objetivo definido e anote-o. Nunca se deixe viver ao acaso — a menos que deseje terminar com dois carros esporte na garagem!*

Há uma razão específica pela qual você tem de ser preciso a respeito do que quer. A raiz da palavra *desejo* significa "do pai". É uma grande alegria de seu Pai dar-lhe o reino, e deve ser uma grande alegria sua recebê-lo aqui e agora.

De que maneira você pode verificar que esses desejos são com certeza "do Pai"?

Se os desejos que você tem são apenas desejos superficiais, eles desaparecem, mas se são desejos profundamente arraigados por coisas melhores que permanecem com você em todas as situações, eles são do Pai. Eles são desejos divinos. Você precisa expressá-los construtivamente, em vez de reprimi-los destrutivamente.

Desejo é a tentativa de Deus de lhe dar um bem maior! Abra a mente para recebê-lo. Portanto, seja objetivo a respeito desse desejo anotando-o por escrito, para que ele possa se manifestar objetivamente para você.

## Escolha é uma palavra mágica para a mente

A escolha produz resultados. Sua mente está constantemente produzindo o que você escolhe.

Há um antigo segredo a respeito do poder de registrar por escrito o que você deseja, como mencionei em meu livro *The Prosperity Secret of the Ages*:

> As palavras que você registra por escrito eliminam todos os obstáculos e barreiras existentes nos planos visível e invisível da vida. Elas penetram nos éteres deste universo e agem por meio das pessoas, circunstâncias e acontecimentos, a fim de abrir caminho para que as coisas boas que você deseja venham a acontecer.

Uma pintora comprovou isso. Ela havia pintado um quadro a óleo que não conseguira vender, mesmo depois de ter ficado exposto durante meses. Finalmente, ela lembrou-se de escrever (na sua lista das coisas que desejava) que aquele quadro seria vendido rapidamente pelo preço que ela estava pedindo. Ela escreveu isso em sua lista no dia 11 de outubro. No dia 13 de outubro, ela recebeu um interurbano informando-a de uma exposição de arte numa cidade próxima. A pessoa que telefonou estava solicitando quadros seus para exibi-los na mostra. Ela imediatamente enviou a pintura a óleo que estava na sua lista, e ela foi vendida (pelo preço pedido) no dia da abertura da exposição.

Os psicólogos nos dizem que a maioria das coisas é feita por escolha, que a escolha produz resultados, mas que cabe a você escolher o que quer.

Depois que escrevi a respeito dessa técnica para a prosperidade em meu livro *The Dynamic Laws of Prosperity*, um empresário da Filadélfia escreveu-me a fim de comprovar a validade desse método. Certa vez, ele foi solicitado por uma grande corporação para ministrar um curso a respeito do sucesso para 92 de seus principais executivos, pelo qual ele recebeu da empresa uma ótima remuneração.

Nesse curso, foi solicitado aos executivos que escrevessem detalhadamente as coisas que desejavam que lhes acontecessem na vida. Foram relatados os seguintes resultados:

Aconteceram coisas miraculosas. Todas as pessoas foram curadas de problemas de saúde, até das doenças chamadas "incuráveis". Dos 92 homens, todos, com exceção de dois, disseram que haviam obtido muitos benefícios. Todos esses homens receberam aumento de salário, que variavam de dois mil a vinte mil dólares anuais. Problemas de saúde, pessoais e de prosperidade foram todos solucionados pelo método de fazer uma lista por escrito.

## A psicologia da pobreza

Recentemente, um dos meus leitores, que é psicólogo, explicou que os pobres estão tão enredados em seus problemas do dia-a-dia que nada planejam ou imaginam para o futuro. Eles também demonstram muita hostilidade e inveja com relação às pessoas que conquistaram o sucesso na vida.

E quanto a você? Você está tão envolvido com os problemas do passado e do presente que não tem tempo para planejar coisas melhores?

Você é hostil com as pessoas bem-sucedidas à sua volta ou sente inveja delas? Você as critica? Costuma fazer comentários maldosos a respeito delas? Como você se sente, e como reage, quando alguém que lhe é próximo tem uma prece atendida ou alguma coisa boa lhe acontece? *Você aceita esse fato sem ficar com inveja?*

Às vezes somos testados. Às vezes as coisas boas que queremos na vida parecem chegar primeiro para as pessoas que nos cercam. Se pudermos louvar e agradecer pelas graças concedidas a outrem, em vez de sermos invejosos, ciumentos e críticos, podemos então ter certeza de que as mesmas graças (ou até maiores) chegarão para nós.

Mas se fizermos comentários maldosos a respeito das graças concedidas a outra pessoa, ou tivermos inveja dela, teremos sido reprovados no teste. Não conseguiremos alcançar graças semelhantes.

## Como superar a inveja

Uma afirmação que deve ser feita com freqüência a fim de eliminar a inveja, o ciúme ou a censura é a seguinte: "QUEM AMA NÃO TEM INVEJA. A VERDADEIRA PROSPERIDADE ME DEIXA LIVRE PARA PROSPERAR."

Quando você vir alguém recebendo graças, lembre-se desta grande verdade: Quanto mais eu esperar pelas coisas boas que almejo, melhores elas serão quando acontecerem — então, por que ter inveja dos bens de outras pessoas? Na verdade, quando coisas acontecem aos outros, é uma indicação de que o mesmo, ou algo ainda melhor, pode acontecer a você!

Faça a sua lista. Pense naquilo que você realmente deseja. Quando coisas boas começam a acontecer às pessoas à sua volta, essa é uma indicação de que isso está prestes a acontecer a você também. Você pode atrair esse bem para si e exteriorizá-lo rapidamente, anotando por escrito o que quer.

Uma executiva de Illinois escreveu-me certa vez uma extensa carta, na qual dizia:

> O ato de escrever uma lista das coisas que você considera serem necessárias para a sua vida realmente funciona. Eu fiz exatamente isso e o sucesso tornou-se evidente quase de imediato. Desde então, todas as coisas que eu tinha em minha lista aconteceram. Algumas delas foram extraordinárias, tais como uma aposentadoria antecipada, o que possibilitou que eu me tornasse uma conferencista. Agora faço palestras para grupos de empresários, recebendo 250 dólares por palestra.
>
> Também coloquei na lista uma renda adequada para que minha vida continuasse normalmente, como antes da aposentadoria. Obtive até coisas como um caro *trailer* para viagens, uma excelente filmadora e outros itens semelhantes. *Comprovei, sem dúvida nenhuma, que Deus pretende que tenhamos tudo o que desejarmos para melhorar o nosso bem-estar na terra.*

## Por que essa técnica é necessária?

Você pode estar pensando: "Está bem, mas por que essas técnicas simples são necessárias sob o ponto de vista espiritual?"

A alma do homem precisa buscar o equilíbrio externa e internamente. A alma é a área de harmonização da mente. Você precisa equilibrar o interior com o exterior. É por isso que você está encarnado neste plano terrestre, embora seja um ser espiritual que se expressa por meio da mente.

Não há nada mais patético do que ver pessoas mal-orientadas que se julgam "avançadas" ou "espiritualizadas" demais para demonstrar as bênçãos da vida de uma maneira prática. Essas pessoas acabam ficando confusas e sofrendo todo o tipo de problema desnecessário pelo fato de não estarem equilibradas.

Tente fazer simplesmente isto: Elabore a lista daquilo que você realmente quer — não do que alguém acha que você desejaria ter. Ao fazer a sua lista, tente satisfazer apenas a si mesmo, lembrando-se de que "o mais importante é o que está mais ao seu alcance".

Depois mantenha a sua lista em segredo, um segredo entre você e o Senhor que habita o seu ser.

É dessa maneira que você expressa construtivamente — em vez de *reprimir* destrutivamente — seus desejos, que são os do Pai.

O simples ato de fazer a lista desobstrui a sua mente e a sua vida. Recentemente, fiz uma lista de três coisas que eu achava que deveria ter em minha vida. Seis meses depois, quando dei uma olhada nessa lista, fiquei surpresa pela maneira como ela tinha funcionado.

O primeiro item de minha lista tinha acontecido. Ele era, sem dúvida, o mais importante. O segundo item não havia se concretizado, e os acontecimentos indicaram que a resposta àquele desejo era "não" por enquanto. Assim, deixei-o de lado tranqüilamente, sentindo que ele iria se materializar mais tarde, na ocasião apropriada. Quando olhei para o terceiro desejo, cheguei à conclusão de que havia mudado completamente de opinião e simplesmente não queria que ele se concretizasse — e ele não tinha se realizado.

## Ponha esse método à prova

Você pode pôr à prova esse método empregando-o a princípio diariamente.

Um jovem executivo de uma companhia de seguros disse-me: "Estou preocupado. Atualmente, vendo seguros no valor de mais de um milhão de dólares por ano e sou sócio do 'Clube do Presidente'. Mas quero vender seguros no valor de pelo menos dois milhões de dólares neste ano, e prosseguir vendendo mais a partir daí."

Sugeri que ele começasse a ir para o escritório mais cedo pela manhã, antes que sua secretária chegasse e o telefone começasse a tocar. Nessa hora do início da manhã, ele deveria escrever uma lista das coisas que queria realizar nesse dia. No alto da lista, ele deveria escrever: "O PODER DE JESUS PARA PROPORCIONAR O SUCESSO ESTÁ SOB SEU CONTROLE ABSOLUTO NESTE DIA, PRODUZINDO RESULTADOS PERFEITOS AQUI E AGORA."

Uma semana depois ele me telefonou: "Funcionou! Quase não posso acreditar no que aconteceu nessa semana, e foi tudo muito fácil e tranqüilo. Vendi duas apólices de cinqüenta mil dólares num só dia, e hoje tenho um encontro marcado para realizar a maior venda de minha vida. Estou bem animado e no caminho certo para atingir o meu objetivo de dois milhões de dólares para este ano."

Ele havia resumido para mim seu plano de cinco anos para ter sucesso, que incluía um aumento de dois milhões de dólares em vendas para três milhões, quatro milhões e cinco milhões, com outros funcionários sendo contratados para fazer parte de sua equipe. Sugeri que ele ampliasse essa programação para cinco anos e registrasse-a num cartaz afixando-o em um local onde ele pudesse contemplá-lo no horário sossegado do início da manhã. Ele fez isso.

## Você está disposto a aceitar os resultados?

Depois de ter feito a sua lista, esteja pronto e disposto para mudá-la, à medida que os dias passam, enquanto a sua mente trabalha a seu favor. Seja flexível. Seja adaptável. Esteja disposto a ampliar e melhorar a sua lista.

Convém fazer três listas:

1. O que você quer eliminar da sua vida.
2. O que você quer atrair para a sua vida.
3. Pelo que você é grato.

Depois de fazer essas listas, faça a si mesmo as seguintes perguntas:

**Primeira**: Esses desejos estão dentro da lei? Vão magoar alguém se forem concretizados? (Há um antigo provérbio que diz: "O bem de um é o bem de todos.")

**Segunda**: Esses desejos são os mais adequados para você, do ponto de vista emocional? Você está emocionalmente preparado para aceitá-los se eles se concretizarem?

**Terceira**: Você está disposto a assumir as responsabilidades que os acompanham?

**Quarta**: Do que você vai se livrar para dar lugar a eles?

Em seu famoso ensaio sobre a *Compensação*, [1] Emerson explicou: "Para cada coisa que se ganha, também se perde alguma coisa."

1. De *Writings of Ralph Waldo Emerson*, Nova York, Random House, Inc., 1940.

Cada fase da vida exige renúncia. Cada avanço significa a rejeição de algo antigo.

Uma mãe estava ansiosa para que o filho de 30 anos se casasse. Embora fosse um professor bem-educado e próspero, ele tinha um defeito físico. Tanto ele quanto a mãe tinham receio de que ele jamais conseguisse se casar.

Depois de receber algumas aulas a respeito da prosperidade, ela decidiu incluir, na sua lista, o desejo de que seu filho se casasse. Quase imediatamente, ele encontrou a garota de seus sonhos — que não se importava com o fato de ele ser deficiente.

Mas a garota de seus sonhos já havia sido casada e tinha filhos. A mãe dele não contava com isso nem estava emocionalmente preparada para lidar com tudo o que adviria do seu desejo de que o filho se casasse. Eles haviam morado juntos durante anos e ela estava acostumada com a companhia dele — bem como com a ajuda financeira que ele dava para suas várias despesas pessoais.

Quando compreendeu o que aconteceria se o seu filho se casasse, ela rasgou a lista — mas era muito tarde. Ele já estava a caminho do matrimônio.

Essa mãe jamais perdoou o fato de o método da criação da lista funcionar tão bem! Ela recusava-se a acreditar que a eliminação não só *tira* alguma coisa da pessoa, mas também lhe *dá* alguma coisa — se ela assim permitir. Infelizmente, ela nunca permitiu que isso funcionasse da maneira correta.

Buda ensinava que todo homem é livre, que é ele quem faz o próprio destino por meio de suas escolhas, mas que, ao fazer essas escolhas, ele tem de estar disposto a aceitar as conseqüências.

Recentemente, dei uma olhada em uma lista que fiz dez anos atrás, durante um período de doze meses. Foi gratificante verificar que todas as coisas que eu pedi nessa lista haviam me acontecido — nem sempre da maneira que eu esperava, mas elas haviam se tornado evidentes. Ocorreram coisas surpreendentes associadas a algumas delas; até mudanças de residências e ministérios, acompanhadas de mudanças para outras partes do país, que faziam parte da lista.

Depois de completar a sua lista, você pode proteger os seus desejos, escrevendo no final da página: "ISSO OU ALGO MELHOR, PAI. QUE A

SUA ILIMITADA BOA VONTADE SEJA FEITA." Ou: "AGORA LIBERO MINHA LISTA PARA A PERFEITA EXECUÇÃO DA CONSCIÊNCIA DO CRISTO."

Isso abre o caminho para que o mais elevado bem venha para você.

## Resumo

1. Você pode criar primeiro a sua prosperidade mentalmente, por escrito.
2. A razão pela qual você precisa fazer isso é esta: se você apenas deixar-se levar pelos acontecimentos, sem um objetivo definido, vai se tornar uma desamparada vítima das circunstâncias. Se os seus desejos não forem definidos, você fica sujeito às personalidades dominantes que o cercam. A maneira de superar dificuldades é estabelecer uma meta por escrito.
3. A psicologia dos pobres demonstra que eles não utilizam essa técnica. Eles estão tão enredados em problemas do dia-a-dia que nada imaginam ou planejam para o futuro.
4. O pobre geralmente demonstra muita hostilidade e inveja com relação àqueles que foram bem-sucedidos na vida.
5. Você é hostil com as pessoas que são bem-sucedidas ou sente inveja delas? Você aceita o sucesso delas?
6. Se você puder louvar e agradecer pelas graças concedidas a outrem, estará abrindo caminho para que o mesmo — ou mais — aconteça a você.
7. Escreva o que você realmente quer, não o que outra pessoa deseja que você tenha.
8. Convém fazer três listas: o que você quer eliminar de sua vida, o que você quer manifestar na sua vida e pelo que você é grato.
9. Faça a si mesmo as seguintes perguntas: Esses desejos são espiritualmente sensatos? Esses desejos são o que mais me convém do ponto de vista emocional? Estou disposto a aceitar a responsabilidade que virá com a realização desses desejos? A que vou renunciar para dar lugar a eles?

10. Depois de fazer a sua lista, abençoe-a, não a mostre a ninguém e libere-a para sua perfeita execução por parte do Pai.
11. Dessa maneira você manifesta construtivamente seus desejos que vêm do Pai, em vez de reprimi-los destrutivamente.

# Primeiro, crie mentalmente a sua prosperidade — em imagens

# 4



A segunda maneira de criar mentalmente a prosperidade é imaginando-a.

O poder de imaginação da mente está sendo agora descoberto pelos psicólogos, que dizem que a imaginação é um dos nossos mais fortes poderes mentais. *No entanto, o poder de imaginação da mente é um dos mais antigos artifícios conhecidos pelo homem para conseguir o que se deseja!*

O homem pré-histórico gravava nas paredes de sua caverna imagens do alimento que ele esperava obter. Ele acreditava que, ao olhar freqüentemente para essas imagens, faria com que um poder invisível trouxesse para ele alimentos na forma de carne de caça, peixes ou aves.

Posteriormente, os antigos egípcios utilizaram o poder da imaginação mental em suas tumbas. Tão logo nascia uma criança da realeza, começava a construção de uma tumba para ela. Nas paredes dessa tumba, eram pintadas cenas da vida dessa criança, até a sua morte. As imagens representavam todas as experiências que ela teria desejado durante toda a vida: guerras vencidas, uma vida feliz e vitoriosa. Os egípcios esperavam que os eventos retratados na pintura viessem a ocorrer realmente na vida da criança.

Há 2.400 anos, na Idade de Ouro da Grécia, os ilustrados gregos também utilizavam esse processo mental. Eles cercavam, com belas imagens e esculturas, as mães que estavam prestes a dar à luz para que a criança pudesse receber saúde e beleza das imagens mentais da mãe. Os psicólogos que trabalham com gestantes estão agora redescobrindo essa técnica.

## O poder das imagens

Em vez de lutar contra os problemas, *imagine* uma maneira de sair deles.

O poder de imaginação da mente transforma pensamentos do tipo: "Nunca conseguirei passar por isso" ou "Isso nunca acontecerá comigo" em esperança, confiança e, finalmente, na aceitação mental de que "Isso pode acontecer comigo" ou "Isso irá acontecer comigo".

Falamos no capítulo anterior a respeito "do ouro em pó" do universo, que espera que nós o moldemos por meio de nossos pensamentos, palavras e atos. Moldamos essa substância em resultados precisos e palpáveis por meio de imagens.

*Antecipamos as coisas boas imaginando-as!*

As idéias vagas não produzem resultados, porque a elas faltam substância e poder. As esperanças indefinidas e os objetivos indeterminados não são convincentes para a mente, ao passo que uma imagem nítida do bem que desejamos estimula as pessoas, os lugares e os acontecimentos a cooperar com os nossos desejos que mentalizamos.

Uma dona de casa preocupada queixava-se de que, há três anos, o patrão do marido prometia a ele uma transferência de cargo e uma promoção. Devido à política da empresa, o assunto fora aparentemente esquecido. Argumentação com o chefe, preces e outros métodos simplesmente não funcionavam.

Como havia uma vaga na filial do estado natal desse casal, eles solicitaram uma transferência. Outro casal estava igualmente interessado na transferência para o local em que trabalhava o marido dessa dona de casa. Em ambos os casos, o pedido de transferência tinha sido rejeitado, e as vagas continuavam sem ser preenchidas.

Sugeri a essa frustrada esposa que se ocupasse em visualizar a imagem de si mesma e do marido voltando a morar no estado onde nasceram entre parentes e amigos; que elaborasse uma lista de todas as coisas que precisaria fazer na eventualidade de ocorrer a transferência; que conseguisse folhetos de viagens com ilustrações coloridas, descrevendo seu estado natal e olhasse com freqüência esses folhetos. Em suas meditações, ela deveria viver mentalmente na situação desejada, vendo o marido feliz no novo emprego, enquanto desfrutavam os cenários tropicais de seu estado natal.

Ela experimentou fazer isso e, durante algumas semanas, nada aconteceu. Então, um dia o marido dela recebeu um telefonema do presidente da empresa, comunicando que ele os estava transferindo para seu estado natal, e transferindo o outro casal para o atual cargo que ele ocupava. Anteriormente, o chefe já negara essas mesmas solicitações!

A mulher comprovou que uma pessoa pode imaginar uma coisa e fazer com que ela se realize, em vez de tentar forçar a situação de alguma maneira externa.

## Como a visualização cura

Uma secretária estava preocupada com as notícias de que seu sobrinho favorito iria se submeter a uma cirurgia no cérebro em poucos dias. Ela decidiu criar uma "roda da fortuna" como uma maneira de criar imagens dele como uma pessoa sã.

Ela usava uma pasta de arquivo que levava consigo durante todo o dia. Nessa pasta, que serviu como sua "roda da fortuna", ela colou fotografias recentes do sobrinho, quando ele estava feliz e com saúde. Sob as fotografias, ela escreveu: "VOCÊ MANIFESTA UMA SAÚDE RADIANTE."

No lado de dentro da pasta, no alto, ela escreveu: "CURAS MILAGROSAS ACONTECEM ATUALMENTE, DA MESMA FORMA QUE NOS TEMPOS BÍBLICOS." Perto da fotografia do sobrinho, ela escreveu: "BILLY, SUA MENTE, SEU CORPO E SUA VIDA SÃO SAUDÁVEIS." E na parte inferior da pasta: "OBRIGADA, MEU DEUS, PELA RECUPERAÇÃO DE BILLY."

Em algum lugar de sua roda da fortuna, ela anotou estas palavras: "UM DIA CHEIO DE ALEGRIA ESTÁ PRÓXIMO."

E isso aconteceu. A primeira notícia que ela recebeu depois disso foi do próprio Billy — um bilhete no qual ele dizia que se sentia bem, tinha recebido alta do hospital sem ser submetido à cirurgia, e acabara de voltar de uma caçada! Depois, ela soube que, após terem sido realizados outros exames, antes da cirurgia programada, constatou-se que o tumor havia desaparecido.

O interessante é que, logo depois que essa secretária fez a roda da fortuna com imagens do sobrinho sadio, toda a preocupação dela com o estado de saúde do rapaz desapareceu. Imaginá-lo sadio deu-lhe uma maravilhosa sensação de paz. Então chegaram as boas novas do próprio Billy.

## Como a visualização funcionou para o filho da autora

Em uma determinada ocasião, fiz diversas palestras no sul da Califórnia e aprendi a gostar da região. Depois de voltar para a minha casa no Texas, falei com meu filho a respeito da beleza tropical do sul da Califórnia, de sua forte atmosfera metafísica e de sua florescente prosperidade; ele ficou fascinado com a possibilidade de morar naquele lugar. Enquanto ainda estava no curso secundário, ele fez uma "roda da fortuna" para atingir esse objetivo.

Nessa roda da fortuna, para a qual ele utilizou uma folha grande de cartolina, ele colocou alguns retratos dele cercados por fotografias do sul da Califórnia: na praia, jogando golfe, perto de uma palmeira no deserto, usando roupas tropicais coloridas, com amigos, dirigindo nas vias expressas e assim por diante.

Quando ele fez sua roda da fortuna da Califórnia, compreendi que deveria me esforçar para que ele fosse para uma escola naquele estado. Durante muitos meses ele manteve a representação visual dos seus desejos no quarto dele, onde a via todas as noites antes de dormir. Finalmente, ele se desfez do cartaz.

Alguns anos mais tarde, ele decidiu alistar-se na Força Aérea. Quando voltou para casa, depois do treinamento básico, ele disse empolgado: "Adivinha para que parte do país eu fui designado!"

"Não tenho a menor idéia."

"É claro que você tem. Vou para o sul da Califórnia. Sou o único recruta, entre centenas de minha turma de treinamento básico, que vai para aquela base."

Fora estabelecido que todo o seu grupo deveria ir para bases do Norte ou do Meio-Oeste, mas, antes de chegarem ao nome dele na lista alfabética, aquelas bases estavam cheias. Junto com outros, ele esperou várias horas enquanto seu comandante tentava localizar outra base para ele. Finalmente as ordens chegaram: "Base March da Força Aérea, Riverside, Califórnia."

Isso foi apenas o começo. Depois de chegar ao sul da Califórnia, Richard logo estava jogando golfe no deserto, dirigindo para cima e para baixo nas vias expressas, indo à praia e fazendo novos amigos — tudo que fora retratado em sua roda da fortuna dois ou três anos antes.

Uma noite, seis meses depois, ele telefonou e me disse: "Você se lembra daquele carro esporte que eu tinha em minha roda da fortuna da Califórnia — aquele azul muito bonito?"

"Claro que me lembro. E essa é uma coisa que você nunca conseguiu."

"É por isso que estou telefonando — para dizer que agora estou dirigindo esse carro."

"Não com o salário de um soldado da Força Aérea. Não pode ser!"

"Mamãe, volte o seu pensamento para a roda da fortuna. Não se lembra de que aquele carro esporte azul tinha uma *loura* dentro dele? Estou namorando aquela loura, o carro azul é dela — e eu o estou dirigindo."

Aquela roda da fortuna foi uma prova para mim de que a imaginação nos dá a possibilidade de nos livrarmos das restrições do tempo e do espaço, e superarmos todas as limitações de nossa vida!

No devido tempo, minhas próprias imagens do sul da Califórnia deram resultado, e eu tenho o prazer de viver ali já há alguns anos.

## Por que as imagens podem não funcionar imediatamente?

Muitas pessoas ficam frustradas quando uma roda da fortuna não funciona de imediato. Para grandes mudanças que irão trazer amplas conseqüências, geralmente leva tempo para que a coisa imaginada seja absorvida pela sensibilidade do subconsciente. Quando isso acontece, essas imagens começam a se materializar.

Tive certa vez uma amiga que vivia no Meio-Oeste. Ela e o marido queriam se mudar para a Flórida e fizeram uma roda da fortuna com esse objetivo. Dentro de um ano, estavam morando na Flórida, mas só depois de quatro anos é que conseguiram a casa, os empregos, o barco e os amigos retratados na roda da fortuna.

*A imagem visualizada concretiza-se tão logo a mente subconsciente começa aceitá-la.* Ela pode parecer tão diferente das experiências do passado ou do presente que é preciso tempo para que o subconsciente a absorva. É aí que entra a persistência.

Em uma das minhas viagens para fazer palestras no sul da Califórnia, tive certa vez o prazer de jantar com o Dr. Ernest Wilson em sua encantadora casa nas colinas de Hollywood. Fundador da Unity, em Los Angeles, o Dr. Wilson explicou-me como o poder de imaginação da mente havia funcionado em seu favor para manifestar sua “casa na colina”.

Há alguns anos, quando se estabelecia em Los Angeles pela primeira vez, seu escritório localizava-se no centro da cidade. De sua mesa de trabalho ele podia ver pela janela as colinas de Hollywood e pensava: “É ali que eu quero, um dia, construir uma casa e morar.” Ele teve várias residências desde então, mas persistia em cultivar esse sonho — e um dia ele se materializou.

Se as coisas boas que você imaginou não acontecerem, pode ter sido pelo fato de você ter entulhado a mente com um número muito grande de imagens, ou porque você manteve muitas expectativas para o presente. Quando determina com clareza os seus desejos e imagina aquilo que lhe é mais necessário, você abre caminho para que isso aconteça — em geral, rapidamente.

Uma empresária precisava de um carro. Ela também queria se casar novamente. Fez uma roda da fortuna na qual aparecia um homem dirigindo um carro. Nada aconteceu até que ela começou a imaginar apenas o carro do qual necessitava, sem o homem dentro dele. Então uma tia lhe escreveu, dizendo que queria se desfazer de um carro que possuía e pedia que a sobrinha o aceitasse como presente. Como ela estava em início de carreira, tendo muito o que aprender, aquela também não era a ocasião certa para pensar em casamento. Tão logo eliminou o casamento de suas imagens mentais, materializou-se aquilo de que ela mais necessitava.

## Surge um novo negócio por meio da visualização

Uma dona de casa fez uma roda da fortuna para o marido. Ele vinha trabalhando além do expediente normal, durante todo o ano, em um campo de trabalho pelo qual não tinha mais interesse. Na sua roda da fortuna, ela desenhou uma linda piscina, um grande gramado e um amplo terraço. Eles também haviam pensado na possibilidade de abrir um negócio no qual iriam trabalhar apenas seis meses por ano, em vez de doze.

Então o marido adoeceu, as condições financeiras do casal pioraram, e eles esqueceram temporariamente seus desejos expressos em imagens. Enquanto estava se recuperando, o marido disse que não tinha a intenção de voltar para o emprego em que trabalhava dezoito horas por dia, e que chegara a hora de encontrar aquele trabalho de seis meses por ano.

Juntos, eles afirmaram que esse trabalho estava prestes a aparecer. Três dias depois, a esposa viu um anúncio no jornal a respeito de um negócio que estava disponível para arrendamento ou venda. Verificaram que se tratava de um "parque aquático" que ficava aberto ao público durante seis meses por ano. Esse era o tipo de negócio que eles vinham há muito desejando — e tinham registrado em imagens na roda da fortuna.

Embora não dispusesse de capital, o homem conseguiu um empréstimo para arrendar o negócio por um ano, com a opção de comprá-lo posteriormente.

Durante o primeiro ano do novo negócio, ele investiu cinco mil dólares para manter o parque funcionando, mas ainda assim sentia que queria comprá-lo. Como ele não conseguiu chegar a um acordo com o proprietário, o parque foi vendido a outra pessoa. E em vez de ficar desanimado, o homem sentiu de modo tão intenso que aquele era o negócio que Deus planejava para ele que disse à mulher: "Meu bem, não se preocupe porque alguém o comprou. Nós dedicamos muitas horas de amor e de trabalho para melhorá-lo, durante o ano em que o arrendamos, por isso ele é realmente nosso. Sinto isso de uma maneira tão plena que continuarei a imaginar que ele nos pertence." E assim fez.

Enquanto isso, ele mentalizava imagens do parque funcionando normalmente, até dos funcionários e de seus deveres. Fez uma lista dos meios pelos quais podia prestar serviço, bem como das maneiras como podia melhorar o atendimento. Também imaginou a si mesmo como proprietário de um terreno baldio adjacente. Ele fez tudo isso mesmo sabendo que outro homem era o proprietário do negócio!

Então um dia isso aconteceu. O novo proprietário entrou em contato com ele, pediu a sua opinião e confidenciou que queria vender o negócio para comprar um outro. Depois de algumas negociações, eles chegaram a um acordo e a venda foi fechada. O homem que havia imaginado tudo aquilo deixou de lado sua lista de melhorias e entrou em ação, para contratar os empregados que havia visualizado anteriormente.

Esse homem não apenas conseguiu o que mentalizara, mas também que todos lucrassem com o negócio. O primeiro proprietário vendera o negócio com um bom lucro. O segundo proprietário decidiu depois se desfazer do negócio, e por isso pôde comprar aquilo que realmente desejava. Fazendo a visualização, o homem que se tornou o terceiro proprietário pôde comprar o negócio pelo preço e nas condições adequadas para ele.

Posteriormente, ele teve oportunidade de comprar o terreno adjacente, como havia imaginado. Ele tem, desde então, um negócio próspero, que permite, a si próprio e à família, viver mais comodamente do que o permitia seu emprego anterior. Ele comprovou o poder da imaginação!

Se você está curioso para saber se esse homem tinha o direito de se imaginar como proprietário do parque mesmo quando ele ainda pertencia a outra pessoa — lembre-se dessa grande verdade: a palavra *desejo* (*desire*, em inglês) significa "do Senhor". Quando você ousa mentalizar os desejos permitidos por Deus, todas as pessoas envolvidas são abençoadas e orientadas para o seu mais elevado bem.

Lembre-se também de que a ação da mente é imaginar. Se você não estiver imaginando conscientemente o que deseja de uma maneira construtiva, estará imaginando inconscientemente o que não deseja de uma maneira destrutiva, e continuará a ter problemas. Imaginar deliberadamente aquilo que você deseja é a maneira de superar todos os problemas.

## A visualização ocasional traz resultados

Uma visualização ocasional mas definida também tem seus efeitos, porém, em geral, de maneira não muito rápida.

Um corretor de imóveis que havia descoberto o poder da visualização queria adquirir alguns apartamentos duplex que estavam à venda. Embora não tivesse conseguido um financiamento, ele começou a passar algum tempo meditando todos os dias, visualizando a si mesmo como proprietário dos apartamentos. Um dia, enquanto estava negociando um empréstimo para outros imóveis, um rico benfeitor tomou conhecimento do seu desejo de adquirir os apartamentos e rapidamente concordou em providenciar o financiamento. Tal fato surpreendeu o corretor, que não havia pensado em tratar do assunto com aquele homem, uma vez que ele estava financiando muitas de suas outras transações comerciais.

Quando jovem, eu sempre quis ter um anel em forma de coração, com a pedra preciosa associada ao mês do meu aniversário (nasci no dia dos namorados), mas nunca mencionei o meu desejo a qualquer outra pessoa, pois tive uma infância pobre.

Algumas décadas depois de minha visualização da infância, recebi um telefonema interurbano de uma mulher que eu jamais tinha visto. Ela me disse que, depois de ter aplicado o que havia lido em um dos meus livros, tinha herdado uma fortuna considerável. Uma parte da herança era uma mansão cheia de valiosas antiguidades, pratarias e jóias. Disse também que, para expressar gratidão por meus livros, ela queria me presentear com algum bem de sua herança. Pensava freqüentemente, disse-me ela, em oferecer-me um determinado anel.

Um tanto timidamente, ela disse: "Você pode não gostar dele porque é apenas um anel de ametista, que não é uma pedra muito cara."

Imediatamente eu disse: "Como, uma ametista? Desejei uma ametista durante anos. Essa é a pedra do meu mês de aniversário!"

"Certo, mas talvez você não goste deste anel. Ele é diferente. Tem a forma de um coração."

Enquanto eu tentava encontrar palavras, ela explicou que aquele anel fizera parte de uma valiosa coleção de jóias e havia passado de geração em geração, por ter um valor sentimental.

Através do éter, há muitos quilômetros de distância e muitos anos depois, uma pessoa que eu jamais tinha visto sintonizara-se com o meu desejo imaginado na infância e presenteou-me com o inusitado objeto almejado — um anel de ametista com o formato de um coração. Ele era lindo e continuo a usá-lo como uma lembrança do poder de imaginação da mente.

## O que dizer a respeito da prosperidade em forma de herança?

Quando falo a respeito de pessoas que se tornam prósperas por meio de heranças, sempre ouço alguns protestos indignados: "Mas eu não quero ficar próspero graças a uma herança!"

Por que não? Se alguém vai passar desta para melhor, por que você não pode se beneficiar disso? Se não for você, será outra pessoa.

É muita presunção pensar que suas orações ou suas imagens pela prosperidade irão causar a morte de uma pessoa, apenas para que seus desejos se tornem realidade.

As pessoas deixam o plano material por escolha própria. Elas atraem para si as circunstâncias e os eventos apropriados para a sua partida, de acordo com a sua natureza mais íntima e o karma acumulado. O máximo que as suas imagens em prol da prosperidade podem fazer é influenciar uma pessoa para organizar seus assuntos financeiros de modo a beneficiá-lo na ocasião da morte dela. Mas pensar que os seus desejos por coisas melhores irão levá-la deste plano terrestre, apenas para beneficiar você, é um exagero.

O melhor é simplesmente imaginar o que se deseja, sem determinar como, quando e por intermédio de quem esse desejo se concretizará. Se o canal normal e mais natural é uma herança, então aceite-a.

Uma empresária tomou conhecimento do poder da mente e decidiu usá-lo para "manifestar" dez mil dólares. Todos os dias, por alguns instantes, ela pegava dez mil dólares em "dinheiro de brinquedo", segurava as notas na mão, olhava para elas e afirmava: "DEZ MIL DÓLARES ESTÃO VINDO PARA MIM DA MANEIRA QUE DEUS QUER, PARA MEU USO PESSOAL, E EU OS UTILIZAREI COM SABEDORIA."

Ela deu continuidade a esse processo durante vários meses. Um dia, seu advogado a informou que ela havia herdado 10.700 dólares do espólio de sua mãe. Desde então, ela continuou a aumentar a prosperidade por meio de um emprego melhor, mas aqueles dez mil dólares foram uma extraordinária bênção para ela. Certamente ela não se considerou culpada pelo modo como aquilo aconteceu. Ela imaginou o que queria, afirmou e então o caminho foi aberto para que isso se manifestasse "da maneira que Deus quis", que nesse caso foi por meio de uma herança.

## A visualização resolve problemas familiares

Você pode visualizar coisas boas para os outros e ajudar para que isso aconteça. Algumas pessoas têm medo de fazer isso, embora não considerem importante continuar a criar problemas para os outros por meio de seus medos, preocupações e conversas negativas.

Você está sempre imaginando, para você e para os outros, seja algo bom ou algo ruim. Muito mais construtivo é imaginar deliberadamente alguma coisa boa para os outros, em vez de continuar a imaginar problemas para eles.

Os pais de uma jovem estavam muito preocupados porque ela havia afirmado que não iria para a faculdade. Seu namorado atual havia abandonado os estudos no curso médio. A situação parecia desanimadora até que a mãe dela fez uma roda da fortuna, imaginando para a filha um futuro feliz e harmonioso.

Na roda, ela colocou fotografias de uma moça bem-ajustada, indo alegremente para a faculdade. Ela até se aventurou a expor com precisão em palavras e imagens que sua filha iria concluir com sucesso a faculdade. Também havia fotografias de colegas de faculdade.

Sem dizer nada a ninguém, a mãe começou a olhar diariamente as fotografias. Ao fazer isso, imediatamente ficava despreocupada e sentia-se melhor a respeito da filha. Dentro de algumas semanas a filha, então perto de concluir o ensino médio, anunciou que havia decidido freqüentar a faculdade durante um ano, "apenas para ver como seria", explicou ela. A mãe sorriu com um suspiro de alívio.

Durante o primeiro ano de faculdade, longe de casa, os horizontes da moça ampliaram-se tanto que ela perdeu o interesse pelo namorado da cidade onde residia, e este acabou afastando-se de sua vida.

No final daquele primeiro ano, ela anunciou que queria continuar na faculdade no ano seguinte — e assim fez. Enquanto cursava o segundo ano, ela encontrou um novo namorado e logo estavam falando em casamento. Quando estavam no último ano, já perto da colação de grau e com empregos assegurados, casaram-se. O marido é treinador numa escola secundária e ela leciona na mesma escola.

Tudo isso aconteceu graças a uma mãe que conhecia o poder da imaginação — e fez algo construtivo com ele.

## As imagens possibilitam uma volta ao mundo

Ao conversar com um proeminente membro da igreja que acabara de regressar de uma viagem pelo mundo, comentei a respeito de seu "gosto" pelas viagens.

Ele disse: "Tudo por culpa da minha mulher. Ela fez uma roda da fortuna para viajar pelo mundo e a colocou na porta do quarto de dormir, onde podíamos vê-la todos os dias. Isso aconteceu há muitos anos, e já demos a volta ao mundo três vezes. Nós não possuímos dinheiro para tanto, mas temos amigos que possuem. Eles continuam a nos convidar para viajar com eles, apenas para fazer-lhes companhia. Se minha mulher não tirar aquela roda da fortuna da porta do quarto, provavelmente iremos continuar a viajar pelo mundo." Recentemente, esse casal fez outra viagem para o exterior.

Nos dias de hoje, ouvimos falar muito a respeito de melhorar a nossa "imagem". Imaginar o tipo de vida que você realmente quer viver é uma ótima maneira de melhorar a sua imagem e ajudá-la a se manifestar.

As autoridades dos grandes centros urbanos geralmente usam o poder das imagens para criar um "plano-diretor". Elas contratam especialistas a quem chamam de diretores de planejamento. Uma revista de informação divulgou recentemente que o governo se negara a liberar fundos para a expansão de determinada cidade pelo fato de ela não possuir um "plano-diretor".

Quantos de nós também deixam de receber "fundos" — a ajuda de que necessitamos do reino da essência cósmica — pelo fato de não ter nenhum plano-diretor pelo qual o poder da mente, "o pó de ouro", ou a essência do universo se manifeste como um bem maior em nossa vida.

Ao pesquisarmos as páginas da História, descobrimos que muitas pessoas importantes utilizaram inconscientemente algumas dessas leis criativas da prosperidade. Napoleão mantinha um grande mapa diante de si, com bandeiras coloridas que indicavam os deslocamentos que planejava para seus exércitos, com meses de antecedência. Ele também anotava seus planos e desejos. Historiadores afirmam que ele ditava em detalhes a ordem e a extensão das marchas, os locais de encontro dos dois exércitos, o ataque, os movimentos do inimigo, e até os erros que esperava serem cometidos pelo inimigo — dois meses antes que isso acontecesse, e a dez ou doze quilômetros de distância do lugar onde aconteceria.

## Quando a imaginação parece não funcionar

Uma mulher solteira escreveu recentemente: "Venho imaginando um marido para mim há mais de um ano, mas nada aconteceu." Ela descrevia com muitos detalhes os caminhos que havia seguido a respeito do processo de imaginação. Ela também escreveu relatando vários casos amorosos desfeitos.

Talvez houvesse uma necessidade de perdão e de liberação relativas a esses romances interrompidos. Tenho também a impressão de que aquela jovem mulher estava trabalhando mentalmente com empenho demais, de forma que estava repelindo em vez de atrair seus desejos. Ela parecia estar tentando forçar mentalmente os resultados.

Depois de fazer a sua roda da fortuna, trabalhe com ela diariamente durante algum tempo. Uma sensação de paz a respeito dela ou a perda de interesse nela indica que você está realmente pronto para liberar os seus desejos e deixá-los surtir efeitos. Meu filho diz freqüentemente: "É quando coloco minha roda da fortuna no porão que ela funciona."

Chega o momento em que precisamos fazer uma espécie de sabá. Apenas relaxe, dando àquilo que você deseja uma "leve atenção". Essa é a hora de "relaxar e confiar" ou de "relaxar e deixar nas mãos de Deus".

Depois que o trabalho é feito no plano mental, você pode ter certeza de que o bem almejado irá se manifestar no plano exterior tão logo o tempo, as pessoas e os acontecimentos tenham se harmonizado. Esses detalhes não lhe competem. Essa é a hora de lembrar que você tem apenas de imaginar uma coisa e fazê-la se manifestar, em vez de racionalizá-la ou forçar resultados.

## Sugestões para fazer uma roda da fortuna

Um engenheiro do Alabama preparou uma roda da fortuna que funcionou tão bem que ele mudou de um emprego medíocre numa região remota para um emprego numa empresa que construía edifícios de muitos milhões de dólares. Ele arranjou uma grande cartolina, traçou nela um círculo que dividiu de acordo com as diversas áreas de interesse de sua vida: dinheiro, carreira, família, saúde, etc. Em cada segmento ele colocou ilustrações das coisas que desejava naquela fase de sua vida.

Eis aqui outras sugestões:

**Primeira**: Guarde segredo a respeito de suas imagens. Não converse sobre elas nem tente convencer outras pessoas a testar esse método. As palavras *segredo* e *sagrado* têm a mesma raiz. O que é sagrado é preciso manter em segredo.

**Segunda**: Utilize grandes cartazes de cartolina coloridas, se quiser obter resultados grandiosos, belos e coloridos em sua vida.

Um professor universitário fez uma roda da fortuna para viajar para o exterior. Ela era pequena, feia e tinha um amontoado de ilustrações que não chamavam a atenção — e ela funcionou. Ele fez uma viagem com um amontoado de gente feia e desinteressante.

**Terceira**: Use cores bem definidas se quer resultados bem definidos. De acordo com a antiga ciência das cores, você deve utilizar:

Cartolina *verde ou dourada* para rodas da fortuna que digam respeito a dinheiro, carreira e sucesso profissional.

*Amarela ou branca* para ampliar a compreensão espiritual.

*Azul* para atividades intelectuais, tais como escrever um livro ou concluir os estudos para tirar um diploma.

*Laranja ou amarelo-ouro* para saúde, energia e uma vida mais plena.

*Cor-de-rosa, vinho ou vermelho-vivo* para amor, harmonia, casamento e felicidade nas relações humanas.

A cor é importante porque ela afeta a mente subconsciente de maneira muito mais rápida do que o preto e o branco. Quer você siga ou não as orientações acima, baseadas em antigas tradições, não deixe de utilizar uma cartolina colorida, sempre de uma cor que o agrade.

**Quarta**: Prefira decorar a cartolina colorida com ilustrações também coloridas. Uma recente observação foi: "Agora eu sei por que aquilo que imaginei levou tanto tempo para acontecer. Eu utilizei ilustrações e fundo em branco e preto."

**Quinta:** Não deixe sua roda da fortuna com uma aparência desordenada, pois isso pode causar resultados desordenados. Use uma cartolina para cada fase da sua vida.

Uma dona de casa exclamou recentemente: "Agora eu sei por que nossa casa está tão atravancada. Coloquei uma casa pequena e abarrotada em nossa roda da fortuna e foi exatamente isso o que conseguimos."

**Sexta:** Em sua roda da fortuna a respeito de questões financeiras, coloque dinheiro e não apenas as coisas que você deseja. Do contrário, você poderá conseguir as coisas e também dívidas! (Você pode utilizar "dinheiro de mentira" ou cheques.)

**Sétima**: Inclua um símbolo espiritual na cartolina, como uma ilustração de Cristo ou da Bíblia. Isso conferirá proteção espiritual aos seus desejos e abrirá caminho para que aquilo que imaginou (ou algo melhor) aconteça a você.

**Oitava**: Contemple a sua roda da fortuna todos os dias, de preferência antes de dormir. Quanto mais você se concentrar nos seus desejos, mais rápidos serão os resultados.

## Resumo

1. O segundo método para criar mentalmente a prosperidade é por meio da imaginação.
2. O poder de imaginação da mente é um dos mais antigos processos conhecidos pelo homem para a realização de desejos.
3. Em vez de lutar contra os problemas, imagine uma maneira de livrar-se deles.
4. O poder de imaginação da mente transforma o seu pensamento: "Nunca passarei por isso" ou "isso nunca acontecerá comigo" em esperança, fé e, finalmente, em aceitação mental de que "isso pode acontecer comigo" e "isso irá me acontecer".
5. Você pode antecipar coisas boas imaginando-as. Você pode ajudar os outros, imaginando coisas boas para eles.
6. Generalidades não produzem resultados, porque a elas faltam substância e poder. Esperanças vagas e objetivos indefinidos não são convincentes para a mente, enquanto uma imagem

nítida daquilo que você deseja estimula as pessoas, os lugares e os acontecimentos a cooperar com a realização dos seus desejos.

7. Você pode imaginar uma maneira de melhorar sua prosperidade, sua saúde, sua harmonia familiar — e até de fazer viagens pelo mundo.
8. Você pode criar a imagem de uma coisa e causar sua manifestação, em vez de tentar racionalizá-la ou forçar resultados.

# Primeiro, crie mentalmente a sua prosperidade — por meio da palavra

# 5



A terceira maneira de criar mentalmente a sua prosperidade é por meio de palavras de prosperidade.

Florence Scovil Shinn disse certa vez: "Qualquer pessoa que não conheça o poder da palavra está desatualizada." Eu concordo.

Fazendo primeiro uma relação de seus desejos e depois imaginando-os, você cria os seus bens no plano invisível. Você coleta a substância (o "pó de ouro") do universo no plano invisível. Mas é por meio das palavras de prosperidade que você molda essa substância invisível, dá forma a ela e a faz surgir no mundo visível.

As palavras *utter* (exprimir, em inglês) e *outer* (exterior) têm raízes semelhantes. O que você exprime exterioriza-se na sua vida!

O Natal estava próximo e uma determinada mulher precisava de um extra. Ela consultou uma amiga, que disse: "Apenas afirme que você possui 'muito para partilhar e para dar aos outros'."

Ela assim fez. Naquele Natal, todas as pessoas que ela conhecia lhe deram bolos de frutas de presente. Ela teve muitos bolos de frutas para partilhar e para dar aos outros, mas nenhum dinheiro.

*Se você quiser ter mais prosperidade, pronuncie as palavras exatas que podem produzi-la.* Não espere que uma afirmação genérica produza um resultado específico.

Personagens importantes da Bíblia conheciam o poder da palavra e não temiam ser diretos em suas palavras a respeito da prosperidade. Jesus afirmou: "O pão nosso de cada dia dá-nos hoje." (Mateus 6:11)

*Estima-se que as afirmações acerca da prosperidade podem acelerar os resultados em cerca de oitenta por cento. Acredito nisso!*

Um executivo ficara sem emprego durante quatro anos. Ele estava com 55 anos e todos lhe diziam que estava "muito velho" para conseguir outro emprego. Ele havia estudado metafísica durante trinta anos, mas não fora bem-sucedido ao aplicá-la na sua vida profissional.

Quando lhe perguntaram que afirmação ele estava utilizando, ele respondeu: "Tenho lido livros estimulantes e freqüentado a igreja, mas ainda não fiz nenhuma afirmação específica."

Sugeriram então que, a cada quinze minutos de leitura estimulante, ele dedicasse pelo menos cinco minutos às afirmações. Ele decidiu tentar. Todos os dias afirmava em voz alta: "EU SOU UMA IDÉIA DIVINA NA MENTE DE DEUS, E ESTOU SENDO AGORA GUIADO PARA O LUGAR CERTO, COM AS PESSOAS CERTAS, E PARA A VERDADEIRA PROSPERIDADE."

Em pouco tempo, ele foi chamado para ocupar uma das muitas vagas para as quais havia se candidatado, e tornou-se gerente da divisão para a América do Sul de uma grande empresa dos Estados Unidos. Posteriormente, ele escreveu:

> Posso atestar que palavras certas, quando pronunciadas, fazem com que nossas preces sejam atendidas. Afirmações de prosperidade acabaram com a minha maré de azar, que me levou a ficar desempregado por quatro anos e extremamente endividado. Apenas a leitura de livros estimulantes não havia produzido resultados.

Ler *a respeito* de prosperidade não é o suficiente. *São as afirmações de abundância que a fazem convergir para você.*

## Afirmações de prosperidade que funcionam

Uma afirmação de prosperidade que aumentou a renda anual de um homem quatro vezes mais foi a seguinte: "EU TENHO AGORA UMA RENDA SATISFATÓRIA, CONSTANTE, SEGURA E PERMANENTE."

Uma professora que necessitava de uma renda extra começou a afirmar: "AGORA DOU GRAÇAS POR UM RÁPIDO E SUBSTANCIAL AUMENTO EM MEU SALÁRIO." Depois de uma sessão de afirmação verbal, ela teve a idéia de solicitar um emprego de meio período, uma noite por semana e aos sábados, em uma elegante loja de roupas. Foi contratada.

Além de lhe proporcionar um dinheiro extra, esse emprego — trabalhar com uma mercadoria de qualidade em um ambiente elegante — provocou uma mudança em seu ritmo de vida e agora ela mantém os dois empregos com prazer.

Um empresário passou de um emprego de 12.000 dólares por ano para outro de 25.000 dólares por ano, no prazo de seis semanas a partir do momento em que começou a afirmar: "ESTOU ENVOLVIDO PELA ESSÊNCIA DIVINA E ESSA ESSÊNCIA MANIFESTA-SE AGORA EM PROSPERIDADE DA FORMA MAIS APROPRIADA PARA MIM."

Uma afirmação que vem freqüentemente abrindo novos canais de abundância para muitos é: "CONFIO QUE O ESPÍRITO CÓSMICO DA PROSPERIDADE PROVÊ ABUNDÂNCIA PARA MIM NESTE MOMENTO."

Um casal mudou-se de cidade. No decorrer da mudança, alguns móveis foram danificados. A companhia de seguros que teoricamente cobriria os danos nem sequer enviou um representante para averiguar o prejuízo. O casal finalmente resolveu escrever à companhia de seguros, mas isso não trouxe nenhum resultado.

Um dia depois de comparecer a uma palestra sobre prosperidade, eles começaram a afirmar estas palavras: "CONFIO EM TI, Ó DEUS, E NA TUA JUSTIÇA. SEI QUE AQUILO QUE ME PERTENCE VIRÁ ATÉ MIM; E PERMANEÇO CONFIANTE E EM PAZ."

Logo depois, um representante da companhia de seguros telefonou para eles, pediu-lhes desculpas pelo "equívoco" e propôs-lhes um acordo.

## Por que as afirmações de prosperidade são tão poderosas?

Os povos da Antiguidade sabiam por quê. Eles conheciam a dinâmica do som. Sabiam que a palavra pronunciada tem um imenso poder e que, por meio de uma determinada combinação de palavras, forças vibratórias extraordinárias podem ser ativadas no mundo invisível, afetando profundamente a substância de que ele é feito e produzindo resultados.

Você pode fazer milagres na sua vida afirmando a prosperidade em voz alta durante apenas cinco minutos por dia!

Uma viúva que, em vinte anos, saiu da mais extrema pobreza e ficou milionária, atribuía o seu sucesso à utilização diária de uma afirmação enfática: "DEUS É QUE ME PROPORCIONA AGORA A MINHA ILIMITADA ABUNDÂNCIA." Depois de começar a fazer essa afirmação, ela abriu um negócio quase sem capital e, durante algum tempo, teve de orar para ter o que comer todos os dias.

Certa vez, quando estava necessitando urgentemente de cem dólares, ficou andando de lá para cá pronunciando sua afirmação de prosperidade em voz alta. Enquanto estava fazendo isso, sua secretária abriu uma gaveta do arquivo e achou cinco notas velhas de vinte dólares, "escondidas" em uma pasta de pedidos!

Uma outra vez, quando afirmava que Deus era a sua ilimitada abundância, numa tentativa de arranjar o dinheiro suficiente para a folha de pagamento dos empregados, um estranho entrou em sua loja e propôs a compra de um terreno que, segundo ele, ela possuía na mesma rua.

Ela disse com surpresa que, pelo que sabia, ela só era dona do terreno em que ficava sua loja! Quando o estranho esclareceu que o pai dela (já falecido) havia comprado o terreno havia alguns anos, o advogado dela confirmou. A comerciante vendeu então o terreno que, poucas horas atrás, não sabia sequer que possuía, liqüidou sua folha de pagamento e ainda pôde guardar uma quantia substancial.

## Como as afirmações de prosperidade enriqueceram algumas pessoas

Durante os anos de depressão, uma dona de casa reunia diariamente suas filhas pequenas ao redor da mesa da cozinha, onde elas pronunciavam afirmações de prosperidade pelo chefe da família, que estava desempregado: "VOCÊ TEM UM EMPREGO MARAVILHOSO, COM UM SALÁRIO MARAVILHOSO. VOCÊ PRESTA UM SERVIÇO MARAVILHOSO DE MANEIRA MARAVILHOSA."

Isso funcionou. Apesar da depressão, o marido dela recebeu uma proposta para fazer parte de um negócio que lhe exigiria apenas 25 dólares para começar. Ele reuniu tudo o que tinha e entrou no negócio. Recentemente, sua esposa declarou que ele tem uma renda anual de 250 mil dólares.

Ela comentou: "Aqueles 25 dólares transformaram-se em um quarto de milhão de dólares, porque continuei a pronunciar diariamente afirmações de prosperidade, durante anos." Além disso, todas as filhas que a ajudaram a repetir as afirmações estão agora casadas com homens prósperos e levam uma vida plena de felicidade.

Seja claro em suas palavras a respeito da prosperidade, se quiser que os resultados também sejam claros.

*Ao usar afirmações de prosperidade, você não está tentando fazer com que Deus lhe dê alguma coisa. Você está apenas tentando abrir a mente para receber a abundância. Ele já a proporcionou a você!*

Houve, certa vez, um engenheiro da Inglaterra que ouviu falar de curas espirituais e decidiu investigá-las para verificar se seriam uma fraude. Ele logo descobriu que eram autênticas e ficou tão fascinado com o estudo do "Novo Pensamento" que acabou abandonando a profissão de engenheiro para tornar-se metafísico.

Como essa mudança foi um pouco súbita, ele acabou ficando sem dinheiro. Decidiu então passar quinze minutos por dia, durante um ano, fazendo afirmações para ter prosperidade, tranqüilidade, dinheiro e conforto.

Em poucos meses, ele manifestara sua prosperidade, a ponto de nunca mais se preocupar outra vez com dinheiro. Não obstante, ele continuou a fazer diariamente afirmações de prosperidade, como havia planejado.

## A experiência da autora com as afirmações

Ao longo dos anos, o poder das afirmações provou ser valiosíssimo para as pessoas que as utilizaram.

A publicação de meu primeiro livro foi resultado de afirmações que fiz. Durante a recessão de 1958, ministrei um curso sobre os princípios da prosperidade espiritual e mental. As pessoas da comunidade de minha igreja se beneficiaram tanto com ele que me pediram para pôr o material desse curso em um livro. Eu nunca havia escrito um livro. Achei que não tinha tempo nem talento para um projeto como aquele e disse isso a eles.

No entanto, um empresário que freqüentara o curso tinha tanta certeza de que eu deveria escrever o livro que propôs que nos encontrássemos durante uma hora todas as manhãs na igreja, para orar afirmativamente a respeito dele. Na ocasião em que começamos a fazer afirmações, eu não tinha um livro, um título, uma editora nem qualquer experiência para uma tarefa como aquela. As afirmações pareciam então ser uma prece para um projeto impossível.

Entretanto, quando começamos a usar afirmações diariamente, todo o formato do livro revelou-se para mim, nas preces, a ponto de eu ver o título dos capítulos. Quando oramos para encontrar um nome para o livro, um corretor de valores do curso sobre prosperidade sugeriu um título apropriado: *As Leis Dinâmicas da Prosperidade*.

Precisávamos agora de uma editora. Naquelas circunstâncias, parecia absurdo pensar que eu, uma escritora desconhecida, conseguiria publicar um livro. Mas à medida que orávamos afirmativamente, proclamando que uma editora indicada por Deus iria aparecer, aconteceu uma coisa surpreendente. Um homem que trabalhava em relações públicas e havia sido ajudado pelas instruções dadas no curso entrou um dia no meu escritório e disse: "Seu curso sobre prosperidade ajudou-me de tal modo no meu ramo de atividade que eu desejo fazer alguma coisa por você. Como posso lhe ser útil?"

Quando lhe falei sobre o projeto do meu livro, ele disse: "Tenho um amigo em Nova York que é um conhecido agente literário. Em geral ele não faz negócios com autores desconhecidos, mas pedirei a ele que a represente." O resultado foi que, quase de imediato, eu consegui um agente e uma editora.

Assim, o livro, seu título e sua editora surgiram todos depois que o poder da afirmação foi utilizado. Então, enquanto afirmávamos que eu teria, de alguma maneira, tempo suficiente para escrever o livro, ele de fato foi escrito durante um período de trabalho intenso na igreja, no meio da noite e em ocasiões esporádicas. Quando o livro estava prestes a ser concluído, casei-me com um professor de inglês. Mais tarde, seu excelente trabalho de revisão ajudou a fazer do livro um sucesso de vendas.

A prece afirmativa produziu um resultado perfeito, proporcionando-me tudo de que eu necessitava para o lançamento de meu livro! Mais uma vez, o único "contato" ou "influência" que eu tive foi o desse tipo de prece!

## As afirmações acabam com qualquer maré de azar

Uma palavra ocasional de sucesso, quando dita num bate-papo, em geral produz resultados extraordinários quase de imediato.

Uma mulher aparentando desânimo telefonou para a secretária da igreja, dizendo que gostaria de comparecer à palestra sobre prosperidade que seria feita naquela noite. "Mas acho que não será possível, porque não tenho como chegar até aí."

De imediato a secretária afirmou: "É claro que você conseguirá chegar, e eu espero vê-la na palestra."

Alguns minutos depois, a mulher telefonou outra vez para dizer alegremente: "Você tinha razão. Eu conseguirei um jeito de chegar até aí. Meu irmão acabou de chegar para me fazer uma visita, e disse que terá o prazer em ir à palestra comigo!"

*Graças ao poder das palavras, o que quer que uma pessoa diga, ela começa a atrair.*

Um grupo de cinqüenta pessoas vinha estudando a Verdade há algum tempo. Estavam se reunindo em salas alugadas pela igreja, e essas não eram as condições ideais.

Houve então uma troca de pastores e o novo pastor conhecia o poder das palavras — sabia que o que quer que uma pessoa diga em voz alta, ela começa a atrair. No fim de cada serviço religioso, o pastor fazia uma breve meditação, na qual ele descrevia sua nova igreja e sua imediata e perfeita manifestação. Quando pela primeira vez descreveu a nova igreja durante a meditação, ninguém lhe deu atenção. Os presentes continuavam a pensar: "Não tem jeito." Mas à medida que ele persistia, indiferente ao que ocorria, um grupo de homens da igreja pediu para averiguar a possibilidade de conseguir um empréstimo para a igreja de uma importante financiadora.

Essa empresa demonstrou interesse e, em questão de meses, o grupo conseguiu um terreno, providenciou as plantas arquitetônicas e deu início à construção da nova igreja. O pastor continuou a proferir palavras em prol de sua igreja, semana após semana. Logo depois de se mudar para o novo e acolhedor edifício, o grupo de estudo passou de cinqüenta pessoas para trezentas.

Elas comprovavam o poder das afirmações quando se quer que alguma coisa aconteça, sejam quais forem as circunstâncias. As afirmações são tão poderosas que começam a mudar a situação para que ela se ajuste ao que foi afirmado.

A lei da manifestação diz que, para obter aquilo que você deseja ser e fazer, você precisa declarar que você é e pode fazer. *Muitas vezes uma pessoa luta desnecessariamente durante anos com o problema da falta de dinheiro, quando bastaria que ela fizesse afirmações para manifestar a quantia de que precisa.*

## Seu texto secreto para a prosperidade

Os povos da Antiguidade achavam útil ter uma palavra, uma sentença ou um texto que pudessem usar em momentos de aflição ou de tensão. Eles achavam que esse "texto secreto" podia mudar a situação e levá-los ao sucesso.

Entre as palavras secretas que eles empregavam nos momentos de dificuldade estavam "Jeová" ou "*EU SOU*", na época do Antigo Testamento, e "Jesus Cristo" na época do Novo Testamento.

Fiquei convencida do poder de prosperidade do nome *Jesus Cristo* quando tomei conhecimento das experiências do Dr. Ernest Wilson, muitos anos atrás. Quase sempre pensamos em Jesus Cristo como um grande agente de cura, o que Ele de fato foi. Mas Ele também punha em prática as leis mentais e espirituais da prosperidade, como evidenciado por muitos de Seus milagres de prosperidade.

*Jesus Cristo foi o principal Mestre da prosperidade. Nenhum outro jamais foi responsável por feitos tão incríveis quanto o de Jesus Cristo. Esse nome tem poder para realizar feitos extraordinários, em toda parte, às pessoas que lhe dão ênfase hoje em dia.* [1]

Tomei consciência disso quando o Dr. Wilson contou-me como, durante a depressão, ele começou a contemplar Cristo todas as noites durante a meditação. Nessa época, ele era razoavelmente bem-sucedido. Era editor-chefe das publicações Unity, estava fazendo diversas conferências pelo rádio todas as semanas, ministrando um curso semanal em Kansas City, além de dar uma palestra todo domingo à noite e dar aulas na escola dominical.

Não obstante, estava preocupado com uma "inquietação divina". À medida que contemplava Cristo todas as noites, ele não passou apenas por um extraordinário crescimento espiritual, mas também conseguiu que a prosperidade e o sucesso se manifestassem generosamente na sua vida. O curso semanal que estava ministrando passou a ser freqüentado não por quatrocentas pessoas, mas por 1.400! Nas palestras das noites de domingo, a audiência passou de quatrocentas para novecentas pessoas. Na escola dominical, ela cresceu de setenta para trezentas pessoas.

À medida que continuava a enfatizar o nome de Cristo nas meditações noturnas, ele começou a escrever e a fazer palestras em muitos lugares. Alguns anos depois, ele foi para Los Angeles, onde fundou a Igreja de Cristo, a Unity. Durante muitos anos sob sua direção, essa foi uma das maiores igrejas metafísicas do mundo.

Charles Fillmore descobriu o poder da prosperidade que é liberado pelo nome de *Jesus Cristo*. Ele escreveu no seu livro *Prosperity* [Prosperidade]: [2]

1. Ver *Dynamic Laws of Healing*, Capítulo 8, e *Pray and Grow Rich*, Capítulo 7, de Catherine Ponder. Ambos os capítulos tratam da conscientização dos milagres de Jesus Cristo.
2. Charles Fillmore, *Prosperity* (Unity Village, MO, Unity Books, 1936).

A mais poderosa vibração é criada ao se pronunciar o nome de *Jesus Cristo*.

Esse é o nome..., acima de todos os outros, que guarda em si todo o poder do céu e da Terra. É o nome que tem o poder de moldar a substância do universo. Em fusão com a substância Pai-Mãe, esse nome, quando pronunciado, ativa as forças que produzem resultados.

## Esse texto secreto ajudou a autora

Desde que descobri esse "texto secreto" em prol da prosperidade, descobri que as maiores manifestações do bem em minha vida surgiram depois que utilizei afirmações com o nome de Jesus Cristo.

Recordo uma ocasião em que estava sentada na sala de estudos de minha igreja, nas primeiras horas da manhã, planejando meu trabalho para aquele dia e constatando que não havia gente suficiente para me ajudar com ele. Eu precisava de uma datilógrafa para fazer um trabalho especial que precisava ser feito. Comecei a afirmar em voz alta: "JESUS CRISTO REVELA AGORA A DATILÓGRAFA PERFEITA PARA REALIZAR ESTE TRABALHO RAPIDAMENTE" e escrevi essas palavras em um cartão que apoiei no telefone.

Cerca de uma hora mais tarde, uma mulher entrou correndo — não caminhando — na minha sala de estudo. Ofegante, ela disse: "Aqui estou. Enquanto tomava o café da manhã, tive subitamente a sensação de que você precisava de mim. O que devo fazer?"

"Você sabe datilografia?", perguntei, procurando mostrar-me despreocupada.

"Sei! Antes de me casar, eu era secretária do meu atual marido, e sou uma das mais rápidas datilógrafas desta cidade." Em algumas horas ela havia terminado — como um presente, sem remuneração — o que uma datilógrafa mediana poderia levar vários dias para completar.

Em outra ocasião, eu tentava, há semanas, conseguir um homem para fazer alguns consertos no meu apartamento. Ele havia prometido vir, mas não cumprira a promessa. A situação estava ficando crítica porque deveriam chegar alguns hóspedes. Uma noite, ao orar mais uma vez a esse respeito, notei que estava afirmando: "JESUS CRISTO ESTÁ AQUI, FAZENDO AGORA OS CONSERTOS NECESSÁRIOS." Mais tarde, anotei essas palavras no meu livro de afirmações. Uma grande sensação de paz invadiu-me e eu deixei de me preocupar com o assunto.

Na manhã seguinte, bem cedo, alguém bateu à porta. Era o homem encarregado dos consertos, que executou rapidamente o trabalho que havia prometido fazer há algumas semanas!

## Como outras pessoas foram ajudadas por esse texto secreto

Um vendedor estava muito deprimido. Ele tinha um problema de alcoolismo que por algum tempo conseguira controlar, mas a imperiosa vontade de beber tinha voltado. Ele também tinha alguns problemas de saúde e estavam começando a surgir dificuldades no seu casamento. As vendas também não iam bem, por isso ele começava a enfrentar problemas financeiros.

Finalmente, ele procurou se aconselhar com um amigo, que em silêncio escutava enquanto ele expunha sua longa lista de problemas. O amigo, então, começou a falar a respeito do poder de prosperidade do nome *Jesus Cristo*.

O comerciante disse: "É isso. Essa é a solução. Durante muitos anos eu meditei todas as noites sobre o nome e a presença de Jesus Cristo. Eu O mantinha diante de mim durante o expediente de trabalho e tudo ia bem. Meu casamento era tranqüilo e eu não tinha problemas de saúde. Foi quando parei de fazer isso que todos os problemas apareceram."

Juntos, eles meditaram em silêncio e declararam com firmeza que aquele homem, sua mulher e seu negócio estavam todos envolvidos pela pura luz branca do Cristo, na qual nada que fosse negativo poderia penetrar e da qual só coisas boas poderiam advir. Eles afirmaram que Jesus Cristo estava assumindo o controle dos negócios, do casamento e da saúde dele — guiando cada passo do seu caminho. Depois, pronunciaram a palavra que liberaria a vida dele para se beneficiar do trabalho da presença do Cristo.

Com uma sensação de paz que não tinha há meses, ele continuou a viver. Enquanto meditava todas as noites sobre aquelas imagens, ocorria uma melhora em todas as áreas de sua vida: paz no casamento, melhora na saúde e sucesso no seu trabalho de vendas.

A mulher de um comerciante estava preocupada porque o marido, do qual havia se separado, tinha ameaçado requerer falência, o que significava que ela teria de arcar sozinha com vários compromissos financeiros.

Quando ela falou com uma amiga, concordaram que havia um extraordinário poder para a obtenção de sucesso no nome de *Jesus Cristo*. Durante algum tempo, elas meditaram juntas, envolvendo o marido, seus problemas financeiros e suas vidas com a Presença do Cristo. Depois afirmaram que a influência de Jesus Cristo era poderosa e produziria resultados maravilhosos e imediatos.

O marido mudou de opinião e decidiu enfrentar corajosamente suas responsabilidades financeiras, em vez de requerer falência. Ela conseguiu um emprego melhor, o que lhe proporcionou mais tranqüilidade interior, e, quando finalmente ocorreu o divórcio, ele foi feito de maneira pacífica, com um acordo satisfatório. Isso pareceu um milagre, uma vez que, segundo tudo indicava, ele seria uma experiência amarga e uma contenda difícil.

## Como o poder de prosperidade do Cristo beneficiou a autora

Em 1961, grandes mudanças ocorreram subitamente na minha vida, e eu soube que iria me mudar para outra região para iniciar um novo ministério. Uma vez que não havia fundos disponíveis para esse fim, fiquei preocupada imaginando como conseguiria dinheiro para efetuar essa mudança. A mudança me pegara de surpresa e eu não tinha de onde tirar o dinheiro.

Nessa época, eu estava fazendo palestras na Flórida. Uma amiga pediu que eu me encontrasse com ela todas as semanas, para alguns momentos de meditação, enquanto eu estivesse lá.

Em nossas meditações semanais, evocávamos o nome de *Jesus Cristo*. Uma noite eu disse a ela: "Vamos orar pelo meu novo ministério. Não sei por onde começar. Não tenho dinheiro com o qual possa iniciar esse empreendimento, e não conheço ninguém que possa me ajudar."

Enquanto estávamos em silêncio e afirmávamos que Jesus Cristo estava cuidando dessa nova tarefa, mostrando-me o que fazer e eliminando as dificuldades financeiras, veio-me à mente o nome de uma pessoa que vivia na região para onde eu me mudaria. Eu não a conhecia pessoalmente, mas ouvira falar que ela estava interessada na Verdade. Decidi então que, depois de me mudar e conseguir um lugar para morar, eu iria entrar em contato com ela.

Quando lhe telefonei, ela mostrou-se encantada por me conhecer e insistiu em fazer-me uma visita. Quando chegou, ela me entregou um cheque de algumas centenas de dólares. Ela disse: "Há alguns anos, dirigi um grupo de estudos da Verdade e juntamos uma pequena soma de dinheiro. O grupo se desfez, mas pediram-me que colocasse o dinheiro em uma poupança para que, quando alguém aparecesse para iniciar um novo ministério, houvesse algo disponível para ajudar essa pessoa."

Eu não tinha meios de saber disso. Sabia apenas, por meio da meditação, que deveria entrar em contato com ela. Mais uma vez, o poder de prosperidade contido no nome de Jesus Cristo tinha se afirmado por si mesmo!

Aquelas poucas centenas de dólares representaram para mim o maná dos céus e que me ajudaram a iniciar o novo ministério.

## O poder do pai-nosso para gerar prosperidade

Existe um extraordinário poder para aumentar a prosperidade na oração do pai-nosso (Mateus 6:9-13). Em vez de fazer essa oração de maneira apática, concluindo-a nos habituais quinze segundos, comece a fazê-la constantemente, de maneira lenta, deliberada e peremptória, e sentirá o efeito estimulante, energizante e transformador que ela exercerá na sua vida.

Uma mulher aflita estava prestes a conseguir o divórcio. Para ela, isso era como se submeter a uma importante cirurgia, terrível a princípio, mas que valeria a pena, tendo em vista os benefícios que traria. Seu casamento havia sido tempestuoso e infeliz, uma contenda de muitos anos que ficava cada vez pior, mesmo depois de muita oração e meditação.

Quando ocorreu a separação, ela se viu subitamente sozinha e sem dinheiro. Uma decisão judicial acabaria finalmente por conceder-lhe uma pensão alimentícia, mas isso levaria tempo. Nesse meio-tempo, ela teria de enfrentar suas despesas normais para viver.

Tendo lido a respeito do dinâmico poder do pai-nosso, ela decidiu começar a rezá-lo em voz alta quinze vezes por dia. Ao fazer isso, ela obteve uma grande paz de espírito e uma certeza interior de que conseguiria se manter. Com a ajuda de parentes, de amigos, de empregos de meio período e da venda de alguns objetos que não usava mais, ela conseguiu se manter financeiramente até que o juiz lhe concedeu a pensão alimentícia.

Enquanto continuava a rezar diariamente o pai-nosso, uma amiga lhe conseguiu um ótimo emprego e ela começou a construir um "admirável mundo novo", cheio de paz e felicidade. Posteriormente, ela disse: "Jamais sentirei medo de ficar desamparada. Eu tenho a receita: rezar diariamente o pai-nosso."

Jesus era muito objetivo em todas as Suas revelações. Ele fazia grandes afirmações a respeito de Deus e as comprovava. Suas orações eram repletas de proclamações. O pai-nosso é uma sucessão de afirmações.

Na versão clássica norte-americana da Bíblia, o pai-nosso parece uma súplica, mas em outras versões o pai-nosso é uma seqüência de afirmações.

Paracelso, um extraordinário médico do século XVI que nasceu próximo a Zurique, falava a respeito de como conseguia ter lampejos de gênio por meio da recitação constante do pai-nosso.

Por que essa oração é tão poderosa? Talvez porque ela sintonize a pessoa na mesma "consciência de milagre" que Jesus tinha ao manifestar prosperidade, na ocasião em que multiplicou pães e peixes para alimentar milhares de pessoas, pagou impostos com dinheiro retirado da boca de um peixe e transformou água no mais fino vinho.

*A repetição fervorosa do pai-nosso é uma maravilhosa receita de sucesso para invocar cura, paz de espírito, vitalidade, a atitude correta nos negócios, prosperidade e orientação espiritual, bem como um grande poder para dispersar e eliminar rapidamente situações desfavoráveis.* Se você a utilizar diariamente, essa maravilhosa oração poderá até surpreendê-lo com um bem maior do que você jamais conheceu! [3]

## Afirmações ocasionais também funcionam

Assim como outros métodos de afirmação mais formais, a afirmação positiva e encorajadora, feita esporadicamente, também tem grande poder para produzir bons resultados. Vemos que essa técnica para o sucesso foi utilizada na resolução de problemas de muitas personalidades da História.

Winston Churchill planejou e afirmou seu caminho para o sucesso. No início da carreira, ele decidiu que queria entrar na política, mas era um desconhecido. Propositadamente, conseguiu um emprego em um jornal que o mandou para as regiões de maior conflito do planeta. Dali ele escreveu brilhantes relatos do que estava acontecendo e passou a ser conhecido por muitos leitores da Inglaterra.

Ao voltar para casa, Churchill candidatou-se a vários cargos políticos. Cada vez que era derrotado, candidatava-se a outro cargo. Segundo um biógrafo, o aspecto mais incompreensível daquelas eleições era a atitude de Churchill quando perdia. Ele agia como se tivesse vencido!

Depois de uma eleição na qual havia sido derrotado, Churchill voltou-se para o vencedor e disse: "Não creio que esta seja a última vez que o mundo ouve falar a respeito de qualquer um de nós dois." Esse comentário confundiu tanto o vencedor que ele saiu às carreiras para conferir mais uma vez os resultados da eleição e se assegurar de que *ele* e não Churchill havia realmente ganho.

*As afirmações que você faz ocasionalmente podem inspirar os outros a ter um extraordinário sucesso.* Vemos isso na vida de Franklin Roosevelt.

3. Você encontrará um capítulo inteiro sobre o pai-nosso no livro de Catherine Ponder *The Millionaire from Nazareth*, Marina Del Rey, CA, DeVorss & Co., 1979, Capítulo 5.

Um homem chamado Louis Howe convencera-se, com antecipação de vinte anos, do sucesso potencial de Roosevelt e chegou a traçar um cronograma do seu sucesso futuro.

Eles se tornaram amigos íntimos e colaboradores, e Howe dirigia-se a Roosevelt como "Sr. Presidente" vinte anos antes de ele assumir esse cargo. Quando Roosevelt adoeceu, Louis Howe não deu nenhuma importância à doença e continuou a projetar e a afirmar que Roosevelt iria se tornar presidente.

Vinte anos depois, quando Roosevelt foi eleito, Howe comemorou abrindo uma garrafa de xerez que comprara anos antes e havia guardado para a ocasião.

## Como afirmações ocasionais fizeram um zelador prosperar

A esposa de um zelador tomou conhecimento do poder da afirmação, lançando mão dele de maneira construtiva. O marido dela havia trabalhado para a mesma firma durante quinze anos. Eles já tinham avisado que estavam lhe pagando o maior salário de sua categoria, não pagariam nenhum centavo a mais e que nenhuma outra firma poderia pagar.

Ele aceitara essa declaração como verdadeira e estava em uma situação financeira desesperada, com despesas elevadas.

A esposa começou a dizer: "Meu bem, as coisas vão melhorar para nós. Nossos ganhos vão aumentar." Ele apenas balançava a cabeça ao ouvir essas afirmações confiantes, a mulher perseverava em suas palavras.

Um dia, ele recebeu uma carta do gabinete do governador do estado, dizendo que precisavam de alguém para dirigir o departamento de zeladoria do edifício do Congresso do Estado, que estava localizado na cidade onde esse homem morava. A carta dizia que ele havia sido recomendado para o cargo, e pedia-lhe que, se estivesse interessado, se candidatasse ao emprego.

Dentro de alguns dias, ele tinha sido entrevistado e contratado com um salário mensal inicial de 150 dólares a mais do que lhe tinha sido antes proposto. Como funcionário do governo, ele receberia aumentos de salários gradualmente, bem como férias, aposentadoria e assistência médica — benefícios que ele não tivera em seu último emprego.

Em seu novo cargo, ele estava livre do trabalho árduo que fizera durante anos. Passava o tempo supervisionando outros empregados, responsáveis pela limpeza. Um dia, o governador aproximou-se dele, no Congresso, e agradeceu a ele pelo bom trabalho que estava fazendo na limpeza e na decoração do edifício. Esse zelador ficou surpreso ao saber que um diretor da firma para a qual ele havia trabalhado antes costumava ir ao palácio a trabalho, soubera da vaga para o emprego e o tinha recomendado em segredo, achando que ele merecia um emprego melhor.

A mulher dele, uma empregada doméstica, continuava a dizer ao marido: "As coisas estão melhorando para nós e nossos ganhos irão continuar a aumentar." Em pouco tempo, o patrão dela, para o qual trabalhava há muito tempo, decidiu dobrar seu salário! Sem saber do poder que existe nas afirmações fortuitas, todos os seus amigos balançavam a cabeça, surpresos.

*Você pode operar milagres em sua vida e na vida dos outros, por meio de afirmações de prosperidade fortuitas e encorajadoras.* Você também pode operar milagres financeiros pronunciando em voz alta afirmações de prosperidade durante pelo menos cinco minutos por dia. Essas são maneiras de, primeiro, criar mentalmente a sua prosperidade.

## Resumo

1. A terceira maneira de criar mentalmente a sua prosperidade é por meio de palavras de prosperidade.
2. As palavras *exprimir* e *exterior* têm raízes semelhantes. O que você exprime exterioriza-se na sua vida.
3. Estima-se que as afirmações acerca da prosperidade podem acelerar os resultados em 80 por cento.
4. Seja claro em suas palavras a respeito da prosperidade, se quiser que os resultados também sejam claros.
5. Para cada quinze minutos de meditação inspiradora, convém passar cinco minutos fazendo afirmações em voz alta, se qui-

ser uma prosperidade verdadeira em sua vida. *Ler a respeito* de prosperidade não é o bastante.

6. Quando você faz afirmações de prosperidade em voz alta, uma força extraordinária é estabelecida no invisível, que definitivamente afeta a substância de que ela é feita, moldando-a em resultados palpáveis.
7. Ao usar afirmações de prosperidade, você não está tentando fazer com que Deus lhe dê alguma coisa. Você está apenas abrindo a sua mente para receber a generosa abundância. Ele já a proporcionou a você.
8. Existe poder de prosperidade na conscientização do Cristo. Empregando afirmações que contenham o nome "Jesus Cristo" e por meio da repetição constante do pai-nosso, a força da prosperidade é liberada.
9. Você pode operar milagres na sua vida pronunciando, em voz alta, afirmações de prosperidade durante cinco minutos por dia.
10. Suas afirmações de prosperidade e sucesso, mesmo que feitas ocasionalmente, têm também o poder de criar prosperidade para si mesmo e para os outros.

# O segredo da prosperidade permanente

# 6



Neste momento, a sua fórmula de "ouro em pó" para a prosperidade está ficando clara:

*Primeiro,* você limpa a mente para a prosperidade.

*Segundo,* você cria a prosperidade mentalmente, registrando por escrito imagens e palavras.

Essas são todas maneiras de abrir a mente para a prosperidade e de *recebê-la*.

Mas existe ainda outra maneira para dar à prosperidade uma base permanente e duradoura. Essa é a regra da prosperidade mais fascinante e misteriosa de todas.

Os antigos a conheciam e a punham em prática com base na seguinte afirmação: "Dez é o número mágico do progresso." Eles invocavam o número do progresso pagando o dízimo ou ofertando aos seus deuses dez por cento do que ganhavam nos jogos, nas colheitas ou com outras fontes de renda.

A palavra *dízimo* significa "a décima parte". Pessoas de todas as grandes civilizações consideravam o dez o número mágico do progresso e o invocavam por intermédio do pagamento do dízimo. Esse costume era comum entre os antigos egípcios, babilônios, persas, árabes, gregos, romanos e chineses.

Nos tempos de hoje, o número mágico do progresso ainda pode ser invocado pelo pagamento sistemático do dízimo.

Uma dona de casa do sul da Califórnia descobriu que o pagamento do dízimo poderia pavimentar o seu caminho para a prosperidade; então decidiu tentar. Ela e o marido tinham sete filhos para criar. Embora o marido trabalhasse para uma das maiores emissoras de televisão, eles tinham dificuldades para sustentar a família.

Depois que ela começou a pagar o dízimo de sua atual renda, surgiu uma oportunidade para que alguns dos filhos aparecessem em comerciais de televisão. Para isso, eles eram bem remunerados. Pelo fato de eles pagarem o dízimo desse rendimento, abriu-se o caminho para que todos os filhos fizessem comerciais de televisão, pelos quais recebiam vultosos cachês.

Eles continuaram a pagar o dízimo do que recebiam de todas as suas fontes de renda e, em dois anos, essa família se mudara para uma grande e linda casa, o marido obtivera um emprego melhor e todos os filhos trabalhavam na televisão em suas horas de folga. Foi instituído um fundo de reserva para a educação das crianças, e o futuro delas foi financeiramente assegurado.

Uma amiga disse: "Fazer comerciais de televisão é um trabalho tão competitivo que não sei como seus filhos têm se saído tão bem. Em geral, um ator fica feliz se conseguir dois ou três trabalhos por ano na TV, mas seus filhos já apareceram em trinta comerciais no ano passado."

A mãe explicou: "Dez é o número mágico do progresso. Nós pagamos o dízimo de tudo o que ganhamos, portanto não é de estranhar que meus filhos recebam dez vezes mais ofertas de trabalho do que a aqueles atores que não fazem o mesmo. Essa é a lei da prosperidade."

## O pagamento do dízimo, a fórmula de um milionário

Como o primeiro milionário que aparece na Bíblia, Abraão aprendeu esse segredo do sucesso com os babilônios, que estavam entre os povos mais prósperos da Antiguidade. Os babilônios foram os primeiros a defender a poupança, a casa própria, o seguro e outras práticas financeiras rentáveis.

Abraão transmitiu o conceito do pagamento do dízimo ao neto Jacó, que o incluiu no seu pacto para o sucesso.[1]

Posteriormente, Deus deu a Moisés instruções específicas a respeito do pagamento do dízimo pelos hebreus.[2] Enquanto pagaram o dízimo, os povos do Velho Testamento prosperaram. Mas quando deixaram de colocar Deus em primeiro lugar no que diz respeito às finanças, durante o reinado de Salomão, o reino foi dividido e os filhos de Israel foram para o exílio na Babilônia. Quando os "remanescentes" voltaram para Jerusalém, o profeta Malaquias lembrou-lhes que deveriam voltar a pagar o dízimo se quisessem prosperar. Ele prometeu que as "janelas do céu" iriam se abrir para eles, se invocassem novamente o *dez*, o número mágico do progresso.

De acordo com o Novo Testamento, tanto Jesus quanto Paulo pagavam dízimos.[3] Como judeu Jesus pagava dízimos. No tempo de Jesus, exigia-se que os fariseus aplicassem um quarto do que ganhavam em doações religiosas. Paulo era fariseu e filho de um fariseu. Desde a juventude, ele era obrigado a oferecer um quarto de sua renda a Deus. *Pagar o dízimo era uma expressão comum nos templos bíblicos.*

Os antigos sabiam intuitivamente que dar, partilhar e colocar Deus em primeiro lugar nas questões financeiras era o primeiro passo para a prosperidade permanente e duradoura.

---

1. Ver os livros de Catherine Ponder, *The Millionaires of Genesis*, capítulos 2, 3 e 6, e *The Prosperity Secret of Ages*, capítulo 9.
2. Ver os livros de Catherine Ponder, *The Millionaire Moses*, capítulo 7, e *The Millionaire Joshua*, capítulo 6.
3. Ver *The Millionaire from Nazareth*, capítulo 9.

## Você pode pagar o dízimo para livrar-se das dívidas

O ato de pagar o dízimo, ou retribuir o trabalho de Deus com um décimo de sua renda bruta, não é algo que algum pastor tenha inventado com a intenção de ganhar dinheiro! É uma lei universal da prosperidade, praticada ao longo dos séculos como um método para as pessoas prosperarem numa base permanente.

*Quando você retribui continuamente o trabalho de Deus, abre caminho para beneficiar-se constantemente desse trabalho.*

Muitas pessoas têm um bloqueio psicológico contra o pagamento do dízimo pelo fato de muitos teólogos terem dado ênfase ao que o dízimo faria pela igreja, em vez do que ele faria pela pessoa. Quando você analisa as grandes promessas contidas na Bíblia pelo pagamento do dízimo, tais como as feitas por Malaquias, você descobre que, segundo a Bíblia, a pessoa que paga o dízimo irá prosperar. Desnecessário dizer que sua igreja também prosperará. Mas isso é secundário, não é o motivo principal para se pagar o dízimo. Como escreveu L. E. Meyer: "A sua prosperidade é equivalente ao dízimo que você paga." [4]

## Quando você não dispõe de recursos para pagar o dízimo

Talvez você esteja pensando: "Mas eu não tenho recursos para pagar o dízimo." Então você *não* pode deixar de pagar o dízimo!

Quanto maior a carência financeira, maior é a necessidade de invocar imediatamente "o dez, o número mágico do progresso".

Uma empresária estava em dificuldades financeiras. Ela havia se mudado para outra região do país e entrado em um novo ramo de trabalho. Estava saldando suas dívidas, mas não de maneira sufi-

4. A brochura *As You Tithe, So You Prosper* [A sua prosperidade é equivalente ao dízimo que você paga] está disponível, gratuitamente, na Unity School of Christianity, Unity Village, MO 64065.

cientemente rápida para poder arcar com suas muitas despesas. Enquanto isso, colocava em prática todas as leis da prosperidade no afã de descobrir imediatamente uma maneira de ganhar dinheiro. Nada aconteceu — até que ela se lembrou de que havia se descuidado do pagamento do dízimo.

Ela sentou-se, preencheu um cheque de cinqüenta dólares para o pagamento do dízimo e o pôs no correio. No dia seguinte, recebeu telefonemas convidando-a para trabalhos extras que a ajudariam a superar aquele período de tensão financeira. Mas nada acontecera até que ela, primeiro, pagasse o dízimo .

Há muitos anos, comecei a pagar o dízimo — numa ocasião na qual eu achava que não dispunha de recursos para fazê-lo, embora não os tivesse *apenas* para esse fim — uma vez que minhas necessidades financeiras eram muito grandes. Decidi pôr à prova o "dez, o número mágico do progresso", depois de ler o relato a seguir, contando como alguém muito mais necessitado do que eu havia prosperado devido ao pagamento do dízimo.

Um homem que estava com uma dívida de dez mil dólares, com seu crédito cortado e uma esposa e quatro filhos para sustentar, obteve um emprego como diarista numa fábrica, e foi obrigado a viver com a família em uma barraca. Ele então conheceu dois estudantes de teologia que o convenceram de que, se quisesse prosperar novamente, deveria pagar o dízimo.

Na mesma semana em que ele começou a pagar o dízimo, a companhia ofereceu uma de suas casas para ele morar. Em um ano, foi promovido a chefe de seção. Dez anos depois, ele estava livre de débitos, era proprietário de uma próspera madeireira, um carro de luxo, um avião e outras coisas de categoria semelhante. Ele atribui o seu sucesso a, primeiro, reconhecer a sua dívida para com Deus e, depois, fielmente pagar o dízimo de sua renda.

Decidi experimentar essa fórmula para prosperar e ela também funcionou comigo.

## Contribuir com o décimo de seu tempo não é suficiente

Disse uma mulher: "Não sei por que devo pagar o dízimo em dinheiro. Eu dedico um décimo de meu tempo ao trabalho de Deus. Sou professora de uma escola dominical."

Eu repliquei: "Muito bem, mas o que você está tentando conseguir? Mais tempo ou mais dinheiro?"

"Oh, eu gostaria de ter mais tempo, mas realmente preciso de mais dinheiro."

Sugeri que ela verificasse as promessas a respeito do pagamento do dízimo na Bíblia. Todas elas falam do pagamento do dízimo em dinheiro e ativos financeiros. Em nenhum lugar a Bíblia refere-se ao dízimo do tempo de alguém — por mais louvável que isso seja.

Uma mulher na Flórida ouviu falar do dízimo e começou a pagá-lo usando sua pequena aposentadoria. Logo depois, foi-lhe oferecido um trabalho de meio período e ela o aceitou, passando a pagar o dízimo sobre ele. Depois, ela constatou que a Bíblia falava sobre contribuir com um "décimo de tudo". Ela possuía uma caderneta de poupança de cinco mil dólares e decidiu que deveria também pagar o dízimo sobre ela.

Então, sacou quinhentos dólares de sua caderneta de poupança e entregou-os à igreja onde havia aprendido o importante preceito do pagamento do dízimo. Em breve ela recebeu um chamado da Previdência Social, pedindo que ali comparecesse.

Sua primeira reação foi de medo: "Ora, o que eu fiz de errado?" Mas ela teve uma agradável surpresa. Em tom de desculpa, lhe disseram: "Nós estamos lhe devendo uma determinada quantia. Devido a uma nova decisão do governo, o fato de a senhora ter nascido antes de uma determinada data significa que estamos lhe devendo 1.250 dólares."

Ela disse: "Estou recebendo a aposentadoria em dia, obrigada."

"Sim, nós sabemos disso, e a senhora irá continuar a recebê-la. Entretanto, nós estamos lhe devendo essa quantia adicional."

Depois do preenchimento dos formulários necessários, ela recebeu um cheque!

Outra senhora que paga o dízimo estava surpresa pelo fato de que sua caderneta de poupança parecia não dar rendimentos. Era como se depositasse dinheiro nela e depois o retirasse. Finalmente, começou a perceber que não estava pagando o dízimo dos rendimentos daquela caderneta de poupança.

Tão logo começou a pagar o dízimo dos rendimentos, suas economias começaram a crescer regularmente.

Da mesma maneira, um homem que pagava os dízimos estava preocupado porque os seus investimentos não pareciam render para ele o quanto deviam, até ter constatado que estava pagando o dízimo de rendimentos de outras fontes, mas que nunca havia pago o que correspondia às suas ações. Depois de pagar o dízimo dos rendimentos de suas ações, ele sentiu-se inspirado a vender determinadas ações e investir em outras, o que lhe proporcionou um rendimento bem maior.

Esse homem nunca mais se preocupou com as altas e baixas do mercado de ações, mas acha que, com Deus como seu parceiro nas finanças, continuará a ser orientado a respeito dos rendimentos dessa fonte. Ele continua a prosperar.

## Atrasar o pagamento do dízimo gera pobreza

Robert LeTourneau, o gênio da engenharia, ficou famoso pelo pagamento do dízimo. Em seu livro *Mover of Men and Mountains* [Aquele que move homens e montanhas],[5] ele fala do tempo, depois de ter começado a pagar o dízimo, em que os negócios iam tão bem que um ano ele decidiu adiar o seu dízimo.

"Deus, tivemos um bom ano. Em vez de Lhe pagar o Seu dízimo de cem mil dólares, correspondente aos negócios realizados este ano, vou reinvestir essa quantia na empresa, e o Senhor receberá esse dízimo e muito mais no próximo ano."

5. R. G. LeTourneau, *Mover of Men and Mountains*, Englewood Cliffs, NJ, Prentice Hall, 1960.

Ele sofreu um revés financeiro após outro. O mau tempo impediu que o seu trabalho em construções progredisse. No fim do ano, ele estava devendo cem mil dólares. Com essa experiência, ele aprendeu a nunca mais adiar o pagamento do dízimo e a nunca tentar barganhar com Deus a esse respeito.

Refletindo sobre a lição aprendida, ele gracejou: "É totalmente certo dar crédito a Deus, mas ele pode também utilizar dinheiro."

Os dízimos de LeTourneau acabaram atingindo milhões de dólares e ele foi obrigado a abrir uma fundação particular apenas para tratar da distribuição deles.

Um vendedor havia prosperado tanto pelo pagamento de dízimos que estava tentando convencer o proprietário da firma onde trabalhava a pagar os dízimos sobre o lucro da empresa. Ele não sabia o que dizer ao patrão.

Um amigo sugeriu que ele lembrasse ao patrão que muitos milionários do país atribuem sua riqueza ao pagamento do dízimo: os Rockfellers, os donos da Heinz, da Quaker e da Kraft.

O pagamento de dízimos é um método correto e eficiente no mundo dos negócios.

## O local onde você entrega o seu dízimo é importante

É importante que você entregue o seu dízimo no lugar em que está recebendo ajuda e inspiração espiritual.

Uma mulher disse certa vez: "Tenho alguns apartamentos que não consigo alugar, embora aplique todas as leis da prosperidade. E não me diga para pagar o dízimo porque já estou fazendo isso."

"Onde você está pagando o dízimo?"

"Não acho que isso seja importante, por isso pago o meu dízimo à igreja que costumava freqüentar, embora agora eu esteja freqüentando uma igreja onde recebo mais inspiração."

A resposta foi: "Se quiser prosperar, pague o dízimo onde você recebe ajuda e inspiração. É incoerente agir de outra maneira. Conseguir ajuda espiritual de um lugar e pagar o dízimo a outro é como ir a um médico e pagar a outro; ou como comer em um restaurante e pagar sua refeição em outro. Entregar o seu dízimo onde está recebendo ajuda e inspiração espiritual o mantém em contato com o fluxo do que lhe está sendo oferecido."

## O pagamento do dízimo cura

Uma mulher havia começado a pagar o dízimo por razões financeiras e havia prosperado, mas teve uma surpresa. Durante anos ela tentara perder peso e não tinha conseguido fazê-lo. Entretanto, quando começou a pagar o dízimo, ela "dizimou" 25 quilos!

Pagar o dízimo o ajuda a se livrar de experiências negativas da vida. Uma mulher que se encontra agora na categoria dos milionários afirmou: "Quando alguma coisa negativa me acontece, sei que não estou pagando o dízimo suficiente. Uma experiência negativa é sempre uma indicação para que eu contribua ainda mais. Eu pergunto 'Pai, com o que devo contribuir?'"

Há um problema fundamental da vida: *congestão*. E há uma solução: *circulação*.

Se suas atividades financeiras estiverem paralisadas devido a dívidas, tempos difíceis e problemas constantes, você pode desfazer a congestão começando a confiar que Deus o ajudará por meio do pagamento do dízimo. *O pagamento do dízimo é um ato de fé que provoca a circulação e desfaz a congestão.*

Um homem da cidade de Nova York escreveu: "Meu primeiro pagamento do dízimo fez desaparecer um problema de circulação que os médicos não conseguiam curar."

Depois, ele me fez uma confissão: "Foram necessários três anos para mudar o meu modo de pensar para que eu pudesse pagar o dízimo. Eu sempre pulava os capítulos sobre o dízimo nos seus livros. Agora, estou aturdido com o desaparecimento instantâneo de uma dor forte e constante na minha perna e no meu pé direitos, graças ao primeiro pagamento do dízimo feito em minha vida."

Um homem que trabalhava no negócio de imóveis no sul da Califórnia descuidou-se do pagamento do dízimo e aprendeu uma grande lição.

Certo mês, ele entregou o dízimo a um parente que estava sempre com problemas, em vez de entregá-lo à igreja. Tudo começou a dar errado. Houve um erro em sua conta bancária e vários cheques foram devolvidos. Uma transação com um imóvel, da qual ele esperava receber uma comissão de alguns milhares de dólares, não se concretizou. Outras fontes de rendimento simplesmente secaram, e ele ficou numa situação financeira muito difícil.

Tudo ficou estagnado até que ele, mais uma vez, colocou Deus — e não seu parente propenso a ter problemas — em primeiro lugar no que diz respeito às finanças.

Não há nada de errado em ajudar alguém que necessita, se você for cauteloso com o que dá. Mas dando apenas dinheiro, você oferece apenas auxílio temporário e, portanto, o mantém na pobreza. É muito mais sensato oferecer-lhe livros a respeito de como usar as leis da prosperidade por si mesmo. Isso permitirá que ele prospere permanentemente, fazendo com que não dependa de programas de assistência ou de distribuição de roupas e alimentos aos pobres. "Dê um peixe a um homem e você o alimentará por um dia. Ensine-o a pescar e você o alimentará por toda a vida."

As antigas leis do dízimo eram muito precisas quanto ao lugar onde o dízimo devia ser entregue. O primeiro dízimo ia para os sacerdotes e o lugar de orações. Esse dízimo era oferecido de maneira impessoal. A pessoa que o pagava não dizia nada a respeito de como ele deveria ser gasto.

O segundo dízimo era destinado a uma celebração; o terceiro, como uma esmola.

Se você está contribuindo com vários décimos de sua renda em vez de apenas um décimo, você deverá se sentir mais livre com relação ao segundo e ao terceiro dízimos. Mas o seu primeiro dízimo deve ser oferecido impessoalmente para o trabalho de Deus sem, de maneira nenhuma, estipular como ele deverá ser gasto pela pessoa que o recebe.

## Você doa o seu dinheiro para aquilo em que acredita

Uma mulher que há muito tempo estava doente fazia generosas doações para fundos de assistência médica, porém não entendia por que as orações de seu pastor e de seu grupo de oração não a tinham curado.

Ela não havia se identificado financeiramente com sua igreja e com as orações feitas em seu favor. Havia se identificado financeiramente com problemas cardíacos, câncer, poliomielite e muitas outras doenças da humanidade, por meio de suas doações. Era para isso que ela fazia doações e era nisso que ela acreditava.

Ela precisava ter Deus sempre presente nas suas doações e desejava que Deus estivesse sempre presente em sua cura.

Existem muitas pessoas no mundo de hoje que não têm fé espiritual ou que não abraçam uma religião, embora queiram fazer doações. Para essas pessoas, contribuir para fundos de assistência médica, bem como para projetos educacionais, culturais, cívicos e comunitários, já representa um passo à frente. Elas precisam fazer doações continuamente e esse é o nível de sua compreensão. Portanto, esse também é o nível de suas doações.

Porém, à medida que você passa para níveis de doações mais sofisticados, em que beneficia pessoas e organizações que inspiram e elevam espiritualmente a humanidade, mais irá ajudá-la a encontrar a Verdade que cura e faz prosperar. Se a cruzada em favor da Verdade recebesse o apoio de que precisa, seus ensinamentos iriam atingir milhões de pessoas, graças aos meios de comunicação de massa, e eliminariam a doença e a pobreza.

Emmet Fox expressa isso de maneira sucinta: "A cruzada em favor da Verdade é a única coisa que pode salvar o mundo de suas enfermidades. Tudo o mais já foi tentado."

A Receita Federal dos Estados Unidos permite que a pessoa pague o dízimo sobre até a metade de sua renda líquida. Um advogado que paga o dízimo de seu rendimento legal, anterior às despesas, disse: "Se eu não doar essa quantia para o trabalho de Deus, terei de pagá-la em forma de impostos. Já que não posso ficar com ela, prefiro doá-la para que possa ajudar a guiar espiritualmente muitas pessoas."

Esse homem prosperou de maneira inacreditável.

## Renda bruta ou líqüida?

Às vezes uma pessoa pergunta: "Devo pagar o dízimo sobre a renda bruta ou sobre a renda líqüida?"

Um amigo afirmou: "Tentei pagar o dízimo sobre a renda líqüida (depois de descontados os impostos), mas descobri que não tinha dinheiro suficiente para pagar meus impostos. Depois que passei a agir corretamente com relação a Deus e a pagar o dízimo sobre a renda bruta, *nunca* deixei de ter dinheiro para pagar meus impostos. Pagar o dízimo sobre a renda bruta eliminou toda a tensão a respeito de minhas obrigações financeiras."

Se você não tiver possibilidade de pagar o dízimo referente a todas as fontes de renda, comece a pagar o referente a uma fonte. O importante é invocar "o dez, o número mágico do progresso", de algum modo. O aumento dos resultados irá justificar o aumento da doação.

A História revela que os antigos egípcios doavam vinte por cento, ou dois décimos, aos templos. Os hebreus doavam quatro décimos, mesmo depois de lhes ter sido exigido o pagamento de impostos ao governo romano, na época do Novo Testamento. Os hindus exigiam que as pessoas doassem um décimo, a não ser que fossem pobres. Exigia-se que os pobres doassem dois décimos, porque achavam que eles precisavam dar mais a fim de aumentar sua conscientização da prosperidade.

## O que a autora aprendeu ao atrasar o pagamento do dízimo

Uma vez deixei de pagar um dízimo de valor elevado. Uma pessoa telefonou dizendo que estava me enviando um valioso presente. Era uma coisa que eu há muito tempo desejava. Mas semanas e meses se passaram e eu não recebia o presente.

Finalmente, pedi uma orientação, visto que o presente não havia chegado, e ocorreu-me o pensamento: "Você ainda não pagou aquele dízimo que ofereceu. Você precisa dar para que possa receber. Pague esse dízimo. Cumpra essa obrigação rápida e completamente."

Eu fiz isso. No mesmo dia, numa cidade distante, meu ansiado presente foi posto no correio, endereçado a mim com o seguinte bilhete:

"Aconteceu uma coisa muito estranha. Depois que lhe telefonei avisando que estava enviando o presente, ele desapareceu. Durante semanas procurei-o e não o encontrei. Finalmente, neste exato momento, ele reapareceu, e o estou enviando imediatamente como prometi. Desculpe pelo atraso."

Essa foi, para mim, uma extraordinária lição a respeito da prosperidade. *Quando você não dá, também não recebe.* Quando uma pessoa atrasa o pagamento do dízimo, pode até perder a prosperidade. Dar é o primeiro passo para receber.

## Quando algum bem é tomado de você

*Além disso, quando você não contribui voluntariamente para as experiências construtivas da vida, você tem de contribuir involuntariamente para as experiências destrutivas da vida. Contribua com o que puder. Essa é a lei do universo.*

Às vezes essa lei é posta em prática de uma maneira muito rápida. Uma mulher disse-me certa vez: "Nunca mais irei às suas palestras, porque na última vez que fiz isso, quando estava saindo do local da palestra, roubaram a minha bolsa."

O interessante foi que, de todas as pessoas presentes, aquela mulher foi a única a ter a bolsa roubada. Ela dissera às pessoas que recolhiam as ofertas: "Não posso dar nenhuma contribuição. Esqueci minha carteira."

Logo em seguida, ela vivenciou a rápida ação da lei. E também teve a prova de que, se alguém tenta conseguir alguma coisa sem nada oferecer em troca, alguma coisa lhe é tomada. *Alguma coisa, em troca de nada, ainda é nada*!

Quando algum bem é arrebatado de uma pessoa, é uma indicação de que ela não deu a sua contribuição — ou não contribuiu suficientemente.

Uma mulher declarou: "Não compreendo. Venho prosperando muito com o estudo das leis da prosperidade, até o ponto de ter dinheiro bastante para me tornar independente — mas não consigo conservá-lo. Muitas pessoas continuam roubando o meu dinheiro. Concedi-lhes empréstimos como um meio de ajudá-las, mas elas nunca me pagam. Eu poderia processá-las e recuperar o meu dinheiro — mas quero recebê-lo de maneira amigável."

A resposta foi: "Você afirmou que aplica todas as leis da prosperidade. Isso quer dizer que você paga os dízimos."

"Ah, não! Como posso pagar o dízimo com todas aquelas pessoas me roubando?"

Foi-lhe sugerido que estudasse o terceiro capítulo de Malaquias, que claramente chama a atenção para o fato de que *quando alguém rouba de Deus está roubando de si mesmo*. Quando você parar de roubar de Deus e começar a dar a Ele prioridade nas questões financeiras, então outras pessoas irão parar de roubar de você. Ela havia interpretado a lei de maneira contrária e estava conseguindo um resultado contrário.

Um empresário milionário não acreditava nisso. Ele havia feito fortuna graças ao trabalho árduo, feito com o seu sangue, suor e lágrimas, e também com o dos outros. Ele pagava toda a ajuda que lhe davam com os salários mais baixos possíveis. Comprava tudo regateando e durante anos ele pareceu obter sucesso, agindo dessa forma.

Então, um dia isso se voltou contra ele de uma maneira que jamais acreditara ser possível. Sua "propriedade" mais valiosa era sua encantadora esposa. De repente, surgiu outro homem em cena e a tirou dele.

Ele havia sido submetido involuntariamente às palavras de Malaquias: "Vós sois amaldiçoados com a maldição porque a mim me roubais."

## Pagar o dízimo produz o bem em todas as fases da vida

Um executivo de Detroit começou a pagar o dízimo e teve uma surpresa. Ele foi imediatamente despedido do emprego que tinha há muito tempo. Era um trabalho do qual jamais gostara.

O homem pagou então o dízimo de sua indenização trabalhista e conseguiu um emprego de vinte mil dólares por ano, dos quais ele continua a pagar o dízimo.

Na ocasião em que pagou o dízimo de sua indenização trabalhista, ele era infeliz no casamento. Esse casamento acabou.

Ele descobriu que o fato de colocar Deus em primeiro lugar, no que se refere às finanças, reorganizara todos os aspectos de sua vida. Ele explicou a um amigo: "Quando comecei a pagar o dízimo, as limitações desapareceram."

O dinheiro investido nas coisas espirituais nunca é perdido; pelo contrário, ele se multiplica muitas e muitas vezes.

## Uma observação especial da autora

Por meio da generosa contribuição de seus dízimos no decorrer dos anos, os leitores de meus livros ajudaram-me a fundar três novas igrejas — sendo a mais recente de caráter mundial, a Unity Church Worldwide, com sede em Palm Desert, na Califórnia. Muito obrigada por sua ajuda no passado, e por tudo que vocês continuam a partilhar.

Vocês também estão convidados a partilhar o seu dízimo com as igrejas de sua preferência — principalmente com aquelas que ensinam a verdade enfatizada neste livro. Entre elas estão incluídas as igrejas metafísicas da Unidade, da Ciência Religiosa, da Ciência Divina, da Ciência da Mente, e outras igrejas correlatas, muitas das quais fazem parte do Movimento Internacional do Novo Pensamento. O seu apoio a essas igrejas pode auxiliar a divulgar a auspiciosa Verdade que a humanidade está atualmente buscando nesta Nova Era de esclarecimento metafísico.

## Resumo

O segredo da prosperidade permanente inclui:

1. A utilização do número *dez* como número mágico do progresso. A palavra "dízimo" significa "a décima parte".

2. Desde os tempos primitivos, os povos de importantes civilizações têm realizado o pagamento do dízimo, considerando-o uma lei cósmica da prosperidade.
3. A doação sistemática abre caminho para o recebimento sistemático.
4. Pagar o dízimo, doar e partilhar são sempre os primeiros passos para a prosperidade financeira permanente e duradoura.
5. Muitos dos milionários de hoje já comprovaram esse fato. Abraão, o primeiro milionário da Bíblia, pagava o dízimo. As pessoas do Velho Testamento, enquanto pagaram o dízimo, prosperaram. Foi quando deixaram de colocar Deus em primeiro lugar, no que se referia ao dinheiro, que suas nações se dividiram e elas foram enviadas para o exílio. Quando os "remanescentes" voltaram do exílio, o profeta Malaquias lembrou-os que deveriam voltar a pagar o dízimo se quisessem prosperar. Tanto Jesus quanto Paulo pagavam o dízimo; essa era uma prática que os templos exigiam naquela época.
6. Quanto maior a necessidade de dinheiro, maior é a necessidade de pagar o dízimo.
7. Dedicar um décimo de seu tempo não é suficiente. A Bíblia promete prosperidade para aqueles que contribuem com um décimo de *todas* as fontes de renda. Isso inclui pagar o dízimo de cadernetas de poupança, ações, imóveis, heranças, salários e gratificações.
8. O pagamento do dízimo cura porque é um ato de fé que promove a circulação e desfaz a congestão.
9. O local onde a pessoa faz a doação é importante. Entregue um décimo de sua renda bruta no local ou nos locais onde você está recebendo ajuda espiritual e inspiração. Faça a doação de modo impessoal e sem fazer restrições. Dar aos parentes necessitados ou de outra maneira pessoal não significa pagar o dízimo.
10. Quando a pessoa não contribui voluntariamente para as experiências construtivas da vida, tem de contribuir involuntariamente para as experiências destrutivas da vida. Contribua com o que puder. Essa é a lei do universo.

SEGUNDA PARTE

# Outras Maneiras de Manifestar a Prosperidade

# Prosperidade por meio do plano divino

# 7



Às vezes, as pessoas dizem: "Sua fórmula básica para manifestar a prosperidade (como foi apresentada nos seis primeiros capítulos deste livro) é ótima para as pessoas que sabem o que querem da vida. Mas eu não sei o que quero, portanto como posso manifestá-la?"

Há um modo especial de você manifestar a sua herança de bens ilimitados: fazendo com que o plano divino de sua vida seja expresso. *A grande verdade é que existe um plano divino para a sua vida, e que esse plano divino é o plano supremo. Ele inclui saúde, felicidade, abundância e perfeita auto-expressão.*

*Quando começar a vivenciar o plano divino, você atrairá para si as idéias, as oportunidades, os acontecimentos e as pessoas que estão destinadas a fazer parte da sua vida.*

Você não deve tentar descobrir que idéias, oportunidades ou eventos estão por acontecer. Em vez disso, leve adiante simplesmente seu plano divino e deixe que ele revele as pessoas, as coisas e os lugares para você.

Essa é a maneira mais fácil de orar e manifestar os bens que possui. Essa é maneira mais fácil de organizar os acontecimentos e as situações na sua vida, bem como de orar por outras pessoas.

Simplesmente afirme que o plano divino está presente em uma determinada situação, sabendo que ele será o plano supremo e trará o bem maior para todos os envolvidos. Os resultados geralmente são surpreendentes.

Charles Fillmore explicou o motivo no seu livro *Prosperity* [Prosperidade]:[1] "É do plano divino que virá toda expressão ou demonstração, por meio desse portal da mente do homem."

Conheço um homem que estava sofrendo a angústia de um casamento infeliz e de um divórcio, cheio de dívidas e com um salário limitado, mas que saiu dessa situação para um emprego novo e melhor, adequado à sua personalidade, ganhando o dobro do salário anterior. Ele também conseguiu um casamento mais feliz, paz de espírito, uma saúde melhor e uma vida nova — depois de ter começado a afirmar o plano divino em um período de sua vida aparentemente desesperador. Essa transformação ocorreu em apenas seis meses! Algumas das afirmações que ele costumava fazer em forma de oração todos os dias e que ajudaram a produzir aqueles resultados forem estas:

"Liberto agora todas as situações e todas as pessoas que não fazem mais parte do plano divino da minha vida. Todas as situações e todas as pessoas que não fazem mais parte do plano divino da minha vida me libertam agora."

"Agora rendo-me e deixo que Deus revele o plano divino da minha vida. Estou agora sintonizado com o plano divino da minha vida. Coopero agora com o plano divino da minha vida. O Cristo que está em mim agora manifesta o plano divino da minha vida rapidamente e em paz."

"Agora reconheço, aceito e sigo o plano divino da minha vida como está revelado para mim, passo a passo. Rejubilo-me no plano divino, que

1. Unity Books, Unity Village, MO 64065, 1936.

É O PLANO SUPREMO E QUE INCLUI SAÚDE, RIQUEZA, FELICIDADE E PERFEITA AUTO-EXPRESSÃO PARA MIM AGORA."

## Como aumentar facilmente a sua prosperidade

Li pela primeira vez a expressão "plano divino" no livro de Florence Shinn, *The Game of Life and How to Play It*.[2] Ela era uma pintora, pertencente a uma proeminente família da Filadélfia, que passou a estudar metafísica na cidade de Nova York há muitos anos. Shinn acreditava que a afirmação da Verdade revelava a resposta para cada problema, e ela tinha uma afirmação para cada situação. A prova de que ela foi bem-sucedida em ajudar as pessoas é a grande popularidade de seus livros, que contêm muitos relatos das afirmações propostas e dos resultados obtidos por aqueles que buscavam a ajuda dela.

*Hoje em dia, existem muitas pessoas no mundo que não sabem o que querem fazer da vida. Se elas proclamassem diariamente o plano divino para si mesmas, não seriam obrigadas a saber alguma coisa especificamente. Isso lhes seria revelado naturalmente.*

Cada um de nós chega a este plano terrestre com o plano divino para nossa vida imerso em nossa natureza espiritual. Esse plano divino anseia por se manifestar para nós. O ato de invocá-lo o liberta.

Não importa que idade você tenha, quanto já tenha vivido, o que você já fez ou não fez na vida. Se começar a afirmar diariamente a expressão do plano divino na sua vida, ele o levará à sua prosperidade.

## A percepção de um plano divino na infância da autora

Se os pais afirmassem o plano divino para os filhos quando são pequenos, ou mesmo antes de nascerem, eles não ficariam tão perturbados ou incertos a respeito do futuro dos filhos. Cada criança seria

2. Florence Shinn, *The Game of Life and How to Play It* (Marina del Rey, CA, DeVorss & Co., 1978, originalmente publicado em 1925).

intuitivamente guiada para o plano divino de sua vida, e os seus pais reconheceriam esse plano e agiriam de acordo com ele.

Por experiência própria, estou convencida de que existe um plano divino determinado para nós antes do nascimento. Desde que era criança, eu tinha uma percepção do destino. Lembro-me de fazer longas caminhadas pelos bosques, quando os arbustos tinham até uma altura superior à minha. Naqueles tempos tranqüilos, com freqüência eu literalmente "ponderava" a respeito do futuro.

Mesmo nessa época, eu tinha uma forte sensação de que havia algo "especial" e "diferente" que eu deveria fazer em minha vida. Sabia intuitivamente, mesmo naquela tenra idade, que eu deveria servir à humanidade de alguma maneira. Muitas vezes imaginava se faria isso trabalhando como professora, enfermeira ou médica. Foi anos mais tarde que minha "missão" especial se manifestou — a de ministra e escritora no campo metafísico. Se eu soubesse como afirmar o plano divino para a minha vida na infância (ou se alguém soubesse como fazer isso por mim), eu poderia ter acelerado consideravelmente a revelação do trabalho que eu iria realizar na vida.

## Como uma dona de casa manifestou o plano divino na sua vida

Uma dona de casa sempre desejara ter uma grande família com muitos filhos. Porém, depois de dar à luz a sua primogênita, seu médico a informou de que a sua saúde não permitiria que ela tivesse outros filhos.

Quando a filha cresceu, a mãe ficou ansiosa para fazer algo mais em sua vida, mas não sabia o quê. Descobriu então que havia um plano divino para a vida de cada pessoa. Na meditação, ela orava: "PAI, SE O SENHOR TIVER UM PLANO DIVINO PARA A MINHA VIDA, MOSTRE-ME COMO ELE É. AJUDE-ME A CONHECÊ-LO E A REALIZÁ-LO." Depois de orar dessa maneira, ela relaxava e parava de se esforçar para conseguir o que desejava.

Daí a alguns dias, o ministro de sua igreja lhe telefonou e a convidou para trabalhar na escola dominical. Esse convite a encantou, pois ela sempre gostara de trabalhar com crianças. Foi como se o seu desejo por uma família numerosa tivesse se concretizado.

Ela continuou a afirmar o plano divino para a sua vida e, em breve, encontrou uma antiga colega de faculdade cujo marido era diretor de uma escola. A amiga lhe perguntou: "Você não concluiu o curso de ciências?"

Ela o havia concluído.

A amiga disse: "Meu marido está sempre à procura de professores de ciências. Neste momento, ele está precisando muito de um professor de física."

Poucos dias depois, essa mulher foi contratada por essa escola, como professora substituta. Ela voltou a freqüentar a faculdade à noite e fez cursos suplementares. Ela gostava de ensinar, e gostava de crianças. Era *esse* o plano divino para a vida dela. Ela descobriu que, quando começou a afirmar o plano divino para a própria vida, desapareceram as dificuldades, a incerteza e a sensação de que não estava no caminho certo.

## Como se livrar de pessoas inconvenientes na sua vida

Muitas pessoas estão lutando por bens ou situações que não são convenientes para elas. Muitas estão até lutando por pessoas que não lhes são adequadas.

Uma mulher procurou um orientador espiritual para afirmar que desejava casar-se com um determinado homem. O orientador respondeu que ela não devia fazer isso porque o homem poderia não fazer parte do plano divino da vida dela.

Em vez disso, o orientador afirmou que a próxima etapa no plano divino dela deveria se manifestar; que as pessoas, os lugares e as coisas que faziam parte desse plano deveriam se manifestar rapidamente e em paz; e que tudo e todas as outras pessoas deveriam desaparecer de sua vida e encontrar seu bem maior em outro lugar.

Embora a mulher continuasse a se encontrar com o homem socialmente, nada acontecia. Enquanto ela vivia de acordo com o plano divino, encontrou outro homem que imediatamente apaixonou-se por ela. Dentro de pouco tempo eles se casaram.

Mais tarde, a mulher compreendeu que estivera lutando anteriormente por alguém que não era adequado para ela. *Se você tiver de conseguir alguém ou alguma coisa pela força, quer dizer que está lutando por algo que não faz parte do seu bem maior. Se você lutar para conseguir alguma coisa, também precisará lutar para conservá-la.*

Mas quando você afirma o plano divino, as pessoas e situações que não fazem parte dele começam a desaparecer da sua vida. Enquanto continua a afirmar o plano divino, as pessoas e situações que fazem parte dele encontram uma maneira fácil e natural de entrar na sua vida, sem causar problemas ou aborrecimentos. Essa é a maneira fácil de viver a vida com sucesso.

Uma jovem estava apaixonada por um homem, mas ele não lhe propunha casamento. Assim, os amigos a persuadiram a esquecê-lo e a interessar-se por outro homem. Ela praticamente prometeu se casar com esse segundo homem, contrariando os seus sentimentos.

Quando o homem a quem ela realmente amava afastou-se de sua vida, ela ficou muito aflita. Achava que não estava sendo honesta com o homem que seus amigos apoiavam.

Um dia ela falou de sua aflição a uma amiga que era uma estudiosa da Verdade. A amiga disse: "A maneira de resolver esse dilema é simplesmente afirmar que o plano divino para a sua vida está se manifestando neste momento, de maneira rápida e tranqüila. Depois observe o que acontece."

Quando ela começou a fazer isso, aconteceu uma coisa interessante. O homem que os amigos apoiavam desapareceu imediatamente da vida dela, e o homem a quem ela realmente amava reapareceu e em breve eles se casaram. O fluxo dos acontecimentos convenceu os amigos dela de que haviam errado em sua escolha.

Posteriormente ela disse a uma amiga: "Eu teria casado com o homem errado, se ele não tivesse me libertado e ido embora. Mas quando ele se foi, o homem certo reapareceu." A amiga lembrou-a de que a afirmação do plano divino a tinha livrado do homem que não era adequado para ela e trazido o homem certo de volta para a vida dela no momento certo.

## O plano divino costuma provocar mudanças

Não há nada de novo nesse conceito. Platão sabia que havia um plano divino que regia a vida dos homens. Ele o chamava de "desígnio divino" e dizia: "Tudo muda de acordo com um desígnio divino. Vivemos em transição."

As únicas coisas para as quais você tem de estar preparado, quando começa a invocar o plano divino, são a transição e a mudança. Quase todos nós nos desviamos do plano divino desta vida. Quando você começa a refletir sobre o plano divino, pode constatar que mudanças começam a ocorrer rapidamente na sua vida. Em vez de tentar impedi-las e de se ressentir por causa delas, reconheça-as pelo que elas são — parte do seu plano divino que pode apenas levá-lo a aumentar a sua prosperidade se você permitir.

Uma comerciante começou a afirmar o plano divino da vida dela. Ocorreram tantas mudanças de uma maneira tão rápida que foi como se um ciclone houvesse atingido os seus negócios. Mas situações novas e maravilhosas substituíram as antigas e frustrantes.

A afirmação que ela usava diariamente era: "EU ESTOU TOTALMENTE PREPARADA PARA O PLANO DIVINO DA MINHA VIDA. EU ESTOU MAIS DO QUE PRONTA PARA MUDAR, À MEDIDA QUE PASSO A VIVER DE ACORDO COM ESSE PLANO."

## Como se libertar de um ciclo ultrapassado

A maioria de nós quer se libertar de alguma coisa. Muitas vezes completamos um ciclo do nosso desenvolvimento e progresso, mas não sabemos como nos libertar desse ciclo ultrapassando para que possamos seguir por novos caminhos.

Em geral, aprendemos o que podemos com um determinado conjunto de circunstâncias. E contribuímos com o que sabemos para essas circunstâncias. No entanto, permanecemos ligados a elas, sem saber como nos libertarmos. Quando fazemos afirmações que invocam o plano divino, começamos a nos libertar das circunstâncias, das experiências e dos relacionamentos desgastados do passado ou do presente.

Do ponto de vista dos negócios, em vez de se preocupar com o seu emprego, com o seu trabalho ou com a sua empresa, faça afirmações pedindo que o plano divino se manifeste. Afirme que o plano divino para aquele emprego ou para aquela empresa pode se manifestar rapidamente, e isso acontecerá.

*Sempre que necessitar de orientação a respeito de pessoas ou de acontecimentos, declare que o plano divino está se manifestando nessas situações ou na vida dessas pessoas. Você ficará surpreso com a rapidez com que as coisas entram nos eixos.*

Um empresário encontrava-se no fim de um ciclo ultrapassado, mas parecia não conseguir se libertar dele. Ele ficara viúvo havia algum tempo e desejava casar-se novamente, mas achava que provavelmente seria necessário adaptar-se a um novo ambiente e a um novo conjunto de circunstâncias antes que aquilo acontecesse. Ele havia partilhado a vida com a esposa nas circunstâncias presentes e achava que os amigos em comum iriam se opor à sua idéia de se casar com outra pessoa. Também havia chegado ao patamar máximo no trabalho, tanto do ponto de vista financeiro quanto da expressão de seus talentos. Estava insatisfeito e necessitava conquistar outros mundos. Mas parecia estar preso às antigas lembranças, relacionamentos e circunstâncias, e não sabia como se libertar delas.

Um dia, ele compareceu pela primeira vez a um curso sobre ensinamentos metafísicos. A professora declarou que havia um plano divino para cada uma das pessoas presentes na sala. Ela disse que o plano divino estava se revelando para cada pessoa e que cada uma iria reconhecer seu plano divino quando ele começasse a se realizar.

A convicção da professora deu esperança àquele homem. Ele se reunia com os outros no final de cada aula enquanto afirmavam: "EXISTE UM PLANO DIVINO PARA A MINHA VIDA. ESSE PLANO DIVINO ESTÁ AGORA SE REVELANDO PARA MIM."

No início, nada parecia acontecer quando ele fazia essa afirmação, mas ele começava a se sentir melhor e mais confiante. Enquanto continuava a freqüentar as aulas, ele conheceu um empresário de uma cidade vizinha e tornaram-se amigos. Ambos descobriram que desejavam entrar para o mesmo ramo de negócios, e que cada um precisava de um sócio. Eles sentiam que um antigo ciclo de atividade chegara ao fim para eles e desejavam começar vida nova nos negócios. Esse homem afirmava diariamente: "NADA PODE OBSTRUIR O PLANO DIVINO DA MINHA VIDA. NINGUÉM PODE DETER O PLANO DIVINO DA MINHA VIDA. O QUE DEUS ME DEU NINGUÉM PODE TIRAR DE MIM."

Em questão de meses, esse homem, que antes era infeliz, encerrou suas antigas atividades comerciais e mudou-se para a cidade vizinha, onde abriu um novo negócio com o novo sócio. Juntos, continuavam a afirmar o plano divino para suas vidas e para seu novo negócio.

Não apenas a nova firma floresceu, como também o viúvo anteriormente solitário casou-se com uma senhora distinta, que estava também afirmando o plano divino!

Uma empresa comercial decidiu pôr à prova o poder de prosperidade da afirmação do plano divino. Os membros de seu conselho deliberativo começaram a afirmar o plano divino nas reuniões de negócios. Imediatamente, eles observaram um novo fluxo de crescimento nos negócios, que provocou um aumento de prosperidade. Apareceram novas pessoas que queriam ajudar a empresa a prosperar e se expandir. Isso aconteceu à medida que os conselheiros afirmavam: "GRAÇAS AO PLANO DIVINO, ESTA EMPRESA AVANÇA AGORA RUMO AO SEU BEM MAIOR."

## Como orar pelo seu êxito e pelo dos outros

É bom afirmar para os outros: "EU O LIBERTO PARA SEGUIR O PLANO DIVINO DA SUA VIDA. O CRISTO QUE ESTÁ EM VOCÊ LHE REVELA O SEU PLANO DIVINO, QUE SE MANIFESTA RAPIDAMENTE E EM PAZ." Com muita freqüência damos conselhos equivocados às outras pessoas a respeito do que achamos que devem fazer e, como resultado, impomos a elas uma pesada carga emocional, quando nossa única responsabilidade era afirmar o plano divino para elas e deixar que elas manifestassem a prosperidade a seu próprio modo.

Declare com freqüência para si mesmo: "O CRISTO QUE ESTÁ EM MIM REVELA, DESENVOLVE E MANIFESTA O PLANO DIVINO DA MINHA VIDA, DE MANEIRA RÁPIDA E TRANQÜILA."

A vida de um homem transformou-se depois de ele ter orado: "PAI, SE VÓS TENDES UM PLANO DIVINO PARA A MINHA VIDA PESSOAL, MOSTRAI-

ME QUAL É. FAZEI COM QUE AS PESSOAS QUE FAZEM PARTE DESSE PLANO DA MINHA VIDA SE APROXIMEM DE MIM E UNI-ME COM ELAS."

## Quando a sua prosperidade é adiada

Quando você afirma a manifestação do plano divino para a sua vida, ele pode começar a se desenvolver rapidamente. Se isso acontecer, você tem de estar disposto para se livrar do antigo e ingressar rapidamente no novo plano, aceitando toda e qualquer mudança que envolva pessoas, ambiente e acontecimentos. Como afirmou Emerson: "Sempre que se ganha algo, perde-se também alguma coisa."

No entanto, pode acontecer exatamente o oposto quando você começa a afirmar o plano divino: as mudanças podem ocorrer lentamente ou não ocorrerem. Se a sua prosperidade parece estar sendo adiada, isso talvez se deva à "escolha divina do momento propício". Muito embora você ache que está preparado para o novo modo de vida, as pessoas e os acontecimentos novos que fazem parte do seu plano divino podem não ter chegado ao ponto de se expressar na sua vida. Esse é o momento de declarar que o plano divino da sua vida manifesta-se no momento que Deus achar mais propício. No nosso modo de ver, esse momento pode demorar a chegar, mas quando sua prosperidade começa a se manifestar, ela quase sempre acontece tão rápido que quase o deixa sem fôlego. Você precisa estar preparado para quando isso acontecer.

*Geralmente, o plano divino parece não funcionar em nosso benefício até que tenhamos posto em ordem a situação em que estamos. Enquanto ainda houver alguma coisa a resolver na nossa atual situação, nossa prosperidade não pode se manifestar. Nosso Pai amoroso parece postergar o próximo avanço até que a ordem seja estabelecida na situação presente e no estado de espírito em que estamos.* Nessas ocasiões, é bom declarar a "divina conclusão" para a atual situação e depois tomar providências para que ela possa ser concluída. Quando você coloca as coisas em ordem e possibilita que cheguem a uma conclusão, você libera a próxima etapa no plano divino para que ele comece a se manifestar para você.

A natureza conhece o ritmo divino. Numa recente feira mundial, assisti a um filme científico que descrevia a vida de certas plantas que floresciam no deserto. O filme explicava que essas plantas floresciam no clima do deserto apenas quando as condições eram extremamente favoráveis. As plantas costumavam esperar anos pelas condições adequadas, para poder florescer.

Como as plantas no deserto que aguardam as condições adequadas para florescer, às vezes precisamos esperar a ocasião propícia em nosso desenvolvimento espiritual para desfrutar nossa prosperidade que desabrochou. Quando aceitamos nossas circunstâncias sem resistência, podemos desenvolver algumas qualidades e talentos espirituais que irão nos preparar para essa ocasião.

Durante esses períodos, não importa o quanto nos esforcemos para ter mais saúde, riqueza e felicidade, nossa prosperidade pode não se manifestar, porque ainda não estamos prontos para recebê-la e conservá-la. Se ela se manifestar nesse período, poderá representar um crescimento prematuro, forçado e não-duradouro. Nessas circunstâncias, podemos perceber que a nossa prosperidade está chegando mais lentamente, de acordo com o ritmo divino. Mas depois iremos compreender que ela chegou no momento exato, quando tínhamos condições de nos beneficiar dela durante muito tempo.

O autor do livro do Eclesiastes sabia da importância do ritmo divino e falou a esse respeito neste conhecido trecho: "Tudo tem seu tempo, o momento oportuno para todo propósito debaixo do sol... tudo o que fez é apropriado ao seu tempo." (Eclesiastes 3:1, 11)

Aquele homem sábio, geralmente citado como "o Pregador", sabia a respeito do plano divino. No mesmo trecho, ele escreveu: "O que foi, já havia sido; o que será, já foi." (Eclesiastes 3:15)

Se você não está seguro do que deseja fazer na sua vida, medite diariamente sobre a afirmação a seguir. Assevere-a com freqüência e logo começará a perceber o desígnio divino se cumprindo.

"Cada plano que meu Pai no céu não traçou para mim está sendo desfeito agora na minha vida. A etapa seguinte do plano divino rapidamente se manifesta. O projeto divino, o plano divino para mim, concretiza-se agora. Novas portas para a prosperidade abrem-se agora para mim! Com um espírito confiante, avanço agora rumo a uma vida de felicidade, segurança e abundância, em nome de Jesus Cristo."

## Resumo

1. Se você não sabe o que quer fazer da vida, comece a orar para que o plano divino da sua vida se manifeste.
2. O plano divino é o plano sublime para a sua vida. Ele inclui saúde, felicidade, abundância e a perfeita auto-expressão.
3. Quando começar a vivenciar o plano divino, você irá atrair idéias, oportunidades, acontecimentos e pessoas que estão destinadas a fazer parte da sua vida.
4. Afirme que você liberta todas as coisas e pessoas que já não fazem parte do plano divino da sua vida, e que todas as coisas e pessoas que já não fazem parte desse plano o libertam agora. Isso elimina relacionamentos e situações desgastadas e o liberta para usufruir uma prosperidade mais ampla.
5. Não importa que idade você tenha, quanto tempo tenha vivido ou o que tenha feito ou deixado de fazer na vida. A afirmação do plano divino ainda pode levá-lo para o que é melhor para você.
6. A afirmação do plano divino desfaz toda a sensação de confusão, de incerteza e de erro.
7. Quando afirmamos o plano divino para os nossos filhos, eles são intuitivamente orientados para ele.
8. Quando você começa a invocar o plano divino, precisa se preparar para a possibilidade de mudanças. Quase todas as pessoas desviam-se do plano divino da vida delas, e as mudanças ocorrem rapidamente quando elas começam a pensar desse novo modo.
9. O reconhecimento do plano divino pode levar empresas ou pessoas a prosperar. Em vez de delinear o que você acha que é melhor para as outras pessoas, a maneira sensata de pensar nelas e orar por elas é declarar que o plano divino manifesta-se para elas rapidamente e em paz. Assim, o que você tem em mente para essas pessoas, ou algo melhor, irá se manifestar.
10. Se o seu novo modo de viver não se manifestar imediatamente com a invocação do plano divino, então você deve saber que ele se manifestará de acordo com o ritmo divino. As pessoas e

os acontecimentos novos que fazem parte do seu plano divino ainda não chegaram ao ponto de se expressar na sua vida. Coloque as coisas nos eixos. Depois relaxe, declarando que o seu plano divino irá se manifestar para você de acordo com o ritmo divino.

# Prosperidade por meio do conceito da sabedoria

# 8



Salomão fez com que a prosperidade se manifestasse por meio do conceito de sabedoria. Também podemos fazer isso.

A palavra "sabedoria" significa conhecimento. A verdadeira sabedoria é o conhecimento que vem do íntimo. É um conhecimento interior. Esse é o tipo de sabedoria que Salomão desenvolveu e que o deixou multimilionário.

Ao se voltar para dentro de si mesmo e buscar orientação, ele sabia intuitivamente o que fazer a respeito de cada situação que lhe era apresentada. Ele sabia tanto a respeito das pessoas e das situações que podia "ver através delas". Elas não o enganavam.

Agindo de acordo com esse conhecimento interior, ele prosperou prodigiosamente. Ao ler o livro dos Provérbios, você descobre que ele freqüentemente afirmava riqueza para si mesmo por meio do conceito de sabedoria. Em um dos seus trechos mais famosos ele afirmou: "Eu possuo o Conselho e a Habilidade." Depois, ele afirmou o que aquele conhecimento interior lhe trouxe: "Comigo estão a riqueza e a honra, os bens estáveis e a justiça." (Provérbios 8:14,18.) Essas afirmações estão repletas do poder de prosperidade, que nós também poderemos sentir se as fizermos.

Nesta era iluminada, estamos aprendendo a fazer o que Salomão fez: voltar-se para o eu interior, pedir orientação e agir de acordo com esse conhecimento interior que brota de dentro de nós. Essa é a sabedoria que pode nos fazer prosperar extraordinariamente.

## A verdadeira educação provém do íntimo

Atualmente, estamos aprendendo muito a respeito da importância da educação. A palavra latina *educare* significa expressar ou revelar o que existe no interior. Um escritor do Novo Pensamento predisse que a nova educação iria "brotar do interior". Esse é o tipo de educação que tem o poder de prosperidade que pode levar uma pessoa ao verdadeiro sucesso.

Os orientais sabem há muito tempo que a verdadeira sabedoria está dentro da pessoa, e que ela brota do interior *quando aparece uma oportunidade para que isso ocorra.* Há séculos, eles utilizam a oração e a meditação como um meio de entrar em contato com a sabedoria que existe dentro deles. Suas práticas de meditação atualmente chamam a atenção do mundo ocidental e, nos últimos anos, um número cada vez maior de pessoas fica fascinada com o poder e a prática da meditação.

Anos atrás, disseram-me que mais de 25 mil universitários meditavam todos os dias. Esse número, sem dúvida, deve ser muito maior hoje em dia. Evidentemente, a previsão do escritor do Novo Pensamento, feita há décadas, está agora se confirmando. As pessoas que trabalham na área da educação estão compreendendo que a verdadeira educação "brota do interior", e estão estimulando o antigo método para a obtenção de sabedoria por meio da meditação.

## Como o conceito de sabedoria nos ajuda a prosperar

Talvez você esteja pensando: "Mas eu necessito de prosperidade e de sucesso agora. Não disponho de muito tempo para praticar meditação nem posso esperar anos para aperfeiçoar o método de adquirir sabedoria a fim de me tornar próspero. Com certeza deve haver um caminho mais curto."

Num certo sentido, esse atalho existe: é o uso do conceito de sabedoria. Como fez outrora Salomão, muitas pessoas bem-sucedidas usaram esse método e tornaram-se extraordinariamente prósperas.

Uma vez que a palavra "sabedoria" significa conhecimento que vem de dentro, e a palavra "conceito" significa um pensamento, uma idéia ou noção, você pode começar a pôr em prática o conceito de sabedoria dando ênfase ao pensamento, à idéia ou à noção de uma inteligência inata. É muito fácil fazer isso, embora os resultados sejam incomensuráveis.

Você pode começar a utilizar o conceito de sabedoria e colher seus benefícios ao compreender que, à sua volta e dentro de você, existe um poder que você pode invocar a qualquer momento, do qual irão fluir idéias e uma energia que podem transformar a sua vida. *Esse poder é ativado dentro e em torno de você na forma de uma sabedoria ou orientação ilimitada, simplesmente quando você presta atenção nele, reconhece a sua presença e pede a sua ajuda.* Isso é muito simples.

O importante é reconhecer a existência sempre presente desse poder e solicitar freqüentemente a ajuda dele. A principal diferença entre um homem que ganha doze mil dólares por ano e outro que ganha cinqüenta mil dólares nesse mesmo período é que o último tem conhecimento desse poder, solicitou a ajuda dele e a conseguiu, enquanto o primeiro nem sequer o conhece. Quando perguntaram a Albert Einstein qual era o segredo de seu sucesso, ele respondeu: "Ele é resultado da intuição, de um conhecimento interior."

## Um corretor de imóveis fica milionário por meio do conceito de sabedoria

Um homem que trabalhava no ramo imobiliário contou-me que transformou a vida dele depois de saber a respeito do conceito de sabedoria. Ele havia trabalhado incessantemente, ganhando muito pouco, até tomar conhecimento do poder cósmico e de sua força para nos fazer prosperar. Começou a passar alguns minutos, no início da manhã, pedindo que essa sabedoria cósmica o orientasse nas suas transações imobiliárias. As idéias então começaram a fluir dentro dele, orientando-o a respeito do que deveria fazer e do que não deveria fazer.

Logo depois de iniciar essa prática diária, ele foi orientado a comprar um determinado terreno por vinte mil dólares — e assim o fez. Como sentiu um impulso interior para manter esse terreno como um investimento em vez de revendê-lo, ele fez exatamente isso. Poucos anos depois, ele vendeu o mesmo terreno por 250 mil dólares! Nele existe hoje um conhecido shopping center.

Ao descrever o poder de prosperidade do conceito de sabedoria, esse homem me disse: "Sou um estudioso da Verdade há muito tempo. Fiquei milionário pelo fato de voltar-me para o meu eu interior todas as manhãs, pedir orientação a respeito de minhas transações financeiras e, depois, segui-la incondicionalmente, aproveitando as idéias e oportunidades que surgiam, sem levar em conta o que outras pessoas pensavam que eu deveria fazer ou não. Estou convencido de que a verdadeira sabedoria vem de dentro e contém o maior poder de prosperidade que existe."

## Como um dentista prosperou por meio do conceito de sabedoria

A verdadeira sabedoria reorienta o ser humano a partir de dentro. A verdadeira sabedoria primeiro amplia a mente e depois amplia o ambiente da pessoa, à medida que ela obedece à sua orientação.

Outro estudioso da Verdade era um jovem dentista que tomou conhecimento do poder de prosperidade do conceito de sabedoria.

Quando abriu sua clínica, ele batalhou para sobreviver profissional e financeiramente. Depois, por meio do seu estudo da Verdade, ele descobriu o poder cósmico dentro de si e à sua volta, que agia de acordo com o pensamento dele e quando ele pedia sua ajuda. Ele começou a fazer isso diariamente, nas horas tranqüilas da manhã. Com freqüência, também pedia silenciosamente a ajuda desse poder durante o decorrer do dia.

Ele pedia que a sabedoria divina lhe mostrasse como poderia ampliar a sua clínica para que pudesse atender a um número maior de pessoas. A afirmação que ele utilizava era: "DENTRO DE MIM RESIDE A SABEDORIA DE GERAÇÕES. ESSA SABEDORIA MOSTRA-ME AGORA COMO AMPLIAR A MINHA CLÍNICA E O MEU MUNDO. ESSA SABEDORIA MOSTRA-ME AGORA COMO PROSPERAR ENQUANTO AJUDO OS OUTROS."

Logo depois de ter começado a pedir ajuda de forma deliberada e direta, um colega de profissão sugeriu que esse dentista instalasse seis cadeiras no seu consultório, em vez de apenas duas, e que ele convidasse alguns dentistas recém-formados para virem trabalhar para ele ganhando uma porcentagem e com a permissão de usar seus equipamentos.

Ele seguiu o conselho do amigo e isso possibilitou que jovens dentistas começassem a clinicar sem ter de passar pelas dificuldades financeiras que afligem os recém-formados. Isso também permitiu que o dono da clínica tivesse uma participação nos lucros e na clientela deles. O método funcionou muito bem e todos os envolvidos prosperaram e foram bem-sucedidos — graças à sábia orientação que chegou àquele homem por meio de um amigo, depois que ele pediu à sabedoria divina que lhe mostrasse o que fazer.

## Uma estilista de moda sai da pobreza e fica rica

Há também o caso da famosa estilista de moda que, poucos anos depois de conquistar o sucesso, vivia na pobreza, lutando para sustentar a si mesma e seu pai idoso.

Numa certa ocasião, ela tomou conhecimento do poder cósmico que existia dentro de si e à sua volta. Ela começou a reservar algum tempo todos os dias, durante o qual tentava ficar tranqüila pedir a esse poder que a orientasse a respeito de sua vida. Ela disse que quando começou essa prática, nada fora do comum aconteceu. Ela percebia que só ficava pensando nas suas dívidas e em todos os seus problemas.

Mas com as tentativas diárias para aquietar a mente de qualquer maneira, isso se tornou mais fácil. No início, ela começou a se sentir mais calma, como se as preocupações e o medo tivessem diminuído. Depois, ela adquiriu uma sensação de poder e domínio sobre os seus pensamentos e sentimentos e sobre o ambiente. Isso a levou a compreender que *podia* enfrentar os problemas.

Então, num desses momentos de tranqüilidade, ela começou a pensar firmemente a respeito de um conhecido com quem tivera alguns contatos comerciais. Ele lhe oferecera um emprego como estilista de moda!

Ela sabia muito pouco a respeito desse tipo de trabalho, mas aceitou o emprego, sentindo que a sabedoria divina iria lhe mostrar como executá-lo. Diariamente, nos seus momentos de tranqüilidade, ela pedia que a sabedoria divina lhe revelasse tudo o que ela necessitava saber a respeito do desenho de roupas. Conhecimento e idéias fluíram para ela. À medida que essas idéias originais lhe ocorriam, ela as colocava em prática, e a sua carreira deslanchou. Essa mulher passou da pobreza para a abundância que lhe dava paz de espírito, simplesmente pedindo à sabedoria divina que lhe mostrasse o que fazer.

## Como um homem prosperou vendendo sucata

*Geralmente, não conseguimos o bem maior em nossa vida simplesmente porque não pedimos!* Não pedimos que nos seja mostrado como reivindicar esse bem.

A sabedoria desenvolve a mente. Quando você pede à sabedoria divina que ela revele o seu bem maior, ela faz isso desenvolvendo antes a sua mente e depois o seu ambiente, por meio das idéias que ela lhe transmite.

Foi o gênio versátil, Walter Russel, que não tivera uma educação escolar convencional, quem disse: "Acredito que qualquer coisa pode ser obtida pela pessoa que confia na ilimitada ajuda da sabedoria cósmica."

Um homem que ouvira falar do poder de prosperidade do conceito de sabedoria decidiu prová-lo primeiro de uma maneira despretensiosa. Conversando com um amigo, ele disse acreditar que a sabedoria divina podia lhe mostrar o que fazer a respeito de qualquer problema. O amigo o desafiou, dizendo: "Há uma porção de latas velhas que vão para o lixo. Não têm utilidade para mim. Por que você não pede à sabedoria divina que lhe mostre o que fazer com isso?"

Ele aceitou o desafio. Imediatamente lhe veio à mente a imagem de uma pequena caixa de fósforos. Começou a cortar e dobrar os pedaços de lata, que logo tomaram a forma de uma caixa de fósforos. Chamando um menino que passava no momento, perguntou a ele se gostaria de vender a caixa de fósforos por 25 centavos e receber uma comissão de dez centavos pela venda. O menino ficou encantado e logo vendeu a caixa de fósforos. Ele então se ocupou em vender outras que o homem fazia. Em pouco tempo, tanto o homem quanto o menino obtiveram um bom lucro com os pedaços de lata que pareciam estar destinados à lata de lixo.

## Como o conceito de sabedoria curou um advogado e o fez prosperar

Os cientistas nos dizem que vivemos em um mar de sabedoria cósmica. Essa sabedoria cósmica parece ser ao mesmo tempo imanente e transcendente — interior e exterior. Podemos mergulhar nesse mar de maneira muito mais significativa apenas reconhecendo a sua presença e pedindo a sua ajuda. Muitas vezes lutamos sozinhos desnecessariamente, apenas por não termos conhecimento desse poder e de como pedir a ajuda dele.

*Basta que você comece a reservar minutos por dia pensando nessa sabedoria cósmica, e pedindo a ajuda dela a respeito de alguma coisa que lhe diga respeito, para que essa prática torne cada aspecto de sua vida mais maravilhoso do que jamais foi!*

Perguntaram certa vez a um renomado advogado como ele se tornara famoso por seu brilhante trabalho nos tribunais. Ele respondeu que devia o seu sucesso ao contato com essa generosa Sabedoria Cósmica nos seus momentos tranqüilos de reflexão e meditação.

Esse brilhante advogado disse que não havia conseguido apenas intuições de vital importância que lhe possibilitaram obter sucesso em casos judiciais difíceis, mas que sua saúde fora totalmente recuperada pelo influxo de poder com o qual entrara em contato durante a meditação. Ele disse que realmente sentia uma energia cósmica fluindo para dentro de si, restaurando sua saúde, nessas ocasiões.

## As afirmações nos revelam a sabedoria cósmica

No terceiro capítulo do livro dos Provérbios, Salomão assegurou que o homem que não teme seguir as orientações interiores da sabedoria divina terá uma vida longa, riquezas, alegria, paz de espírito, saúde e felicidade. Parece-nos que podemos entrar em contato com a sabedoria cósmica de várias maneiras.

**Primeira**: reconhecendo a presença dela e pedindo a sua ajuda.

**Segunda**: afirmando que ela está nos mostrando o que fazer e nos ajudando a colocar isso em prática. Essa afirmação parece liberar o poder que existe dentro de nós, bem como das circunstâncias e das pessoas.

O psicólogo William James sabia da existência dessa sabedoria cósmica. Ele a considerava como um nível mental mais profundo. Ensinava que, além da mente consciente e inconsciente, o homem também possui um nível mental mais profundo — no qual reside uma inteligência infinita que anseia por trabalhar em favor do homem e por meio dele. Reconhecendo-a, dando a ela atenção e afirmando-a, você libera essa imensa sabedoria interior.

Se quiser fazer com que essa infinita inteligência resolva qualquer problema que lhe diga respeito, você deverá afirmar: "EXISTE UMA RESPOSTA. A SABEDORIA DIVINA REVELA-ME AGORA A RESPOSTA CORRETA. RELAXO, ESQUEÇO MINHAS PREOCUPAÇÕES E DEIXO QUE ELA ME INSTRUA."

Uma professora afirmou que a inteligência divina lhe mostrara o que escrever em um concurso para que pudesse ganhar uma viagem à Europa. As idéias vieram de roldão e ela imediatamente fez sua inscrição — e ganhou a viagem. Mais tarde, ela não conseguia se lembrar do que havia escrito — apenas de que o texto lhe havia ocorrido depois que ela evocou essa sabedoria. A inteligência infinita está cheia de respostas e soluções corretas, e espera a sua atenção. O ato de pedir e afirmar abre o canal para você receber essa inteligência, da mesma maneira que ocorreu com essa professora.

## Uma transferência de emprego ocorre por meio do conceito de sabedoria

Um funcionário do governo foi aconselhado pelo seu médico a se mudar para o Meio-Oeste por causa de problemas de saúde. Mas quando ele requisitou uma transferência, foi informado de que não havia vaga nem qualquer previsão de quando haveria. Ele e a mulher chegaram a visitar a região e conversaram pessoalmente com algumas pessoas, na tentativa de conseguir uma transferência. Tudo o que ouviam era que não havia nada disponível.

Então, eles assistiram a uma palestra e ouviram uma explanação a respeito do conceito de sabedoria. Começaram a meditar diariamente, pedindo à divina sabedoria que lhes mostrasse o que fazer. Geralmente, afirmavam: "NESTE MOMENTO, INVOCAMOS A PRESENÇA DA SABEDORIA DIVINA EM CADA FASE DE NOSSA VIDA. INVOCAMOS AGORA A PRESENÇA DA SABEDORIA DIVINA NESTA SITUAÇÃO. A SABEDORIA DIVINA ESTÁ ABRINDO CAMINHOS ONDE, PARA A PERCEPÇÃO HUMANA, NÃO EXISTE NENHUM."

Eles sentiam com tamanha força a verdade dessas palavras que, depois de algum tempo de meditação, a esposa começou a arrumar as malas!

Aquilo funcionou. Em breve, o marido recebeu a notícia de que um novo edifício do governo estava sendo construído numa das mais belas cidade do Meio-Oeste e que a sua solicitação de transferência havia sido aprovada. Ele deveria se apresentar no novo local de trabalho em apenas duas semanas.

Como a mulher dele continuava a afirmar que a sabedoria divina estava atuando em cada fase de suas vidas, ela conseguiu organizar rapidamente suas obrigações domésticas e fazer a mudança a tempo. Ao ir embora da cidade, ela disse alegremente a uma amiga:

"Estávamos tentando fazer isso há cerca de dois anos, mas só deparávamos com obstáculos — quando pedimos ajuda à sabedoria divina, conseguimos a transferência rapidamente."

## A sabedoria divina atua em diversas situações incontroláveis

Quando você se encontrar em circunstâncias sobre as quais parece não ter controle, em vez de lutar para superá-las, é melhor apelar para a sabedoria divina. Ao invocar a sabedoria divina, você faz com que ela atue sobre os acontecimentos aparentemente incontroláveis.

Uma jovem dona de casa decidiu receber alguns parentes do marido para jantar. Esses mesmos parentes haviam criticado essa jovem esposa, dizendo que ela não sabia cozinhar ou cuidar da casa, mas que só conseguia dar vazão aos seus pendores artísticos. A fim de demonstrar a eles que estavam errados, ela resolveu preparar um jantar e servi-lo de maneira perfeita. Para prepará-lo, reservou um dia inteiro.

Quando o dia chegou, começaram a acontecer coisas sobre as quais ela parecia não ter controle. Logo depois do café da manhã, uma vizinha doente telefonou, pedindo ajuda. Ela foi imediatamente à casa da vizinha e viu que precisaria ficar com ela até as dez e meia.

Voltando para casa, ela lavou a louça do café da manhã e começou a preparar um almoço rápido para o marido, quando ele telefonou dizendo que estava levando um sócio da empresa para almoçar. Foi então que ela começou a invocar a sabedoria divina, para ajudá-la a enfrentar os acontecimentos inesperados. Ela afirmou várias vezes: "A SABEDORIA DIVINA ESTÁ SEMPRE EM ATIVIDADE EM TODAS AS SITUAÇÕES."

Depois de um almoço perfeito, o carteiro entregou-lhe uma carta de uma amiga, na qual ela dizia que estaria na cidade por pouco tempo, no intervalo de trens que por ali passavam naquela tarde e precisava vê-la, sugerindo que se encontrassem na estação ferroviária. Quando orou para saber se deveria ir ou não à estação, descobriu-se afirmando: "CONFIO NA SABEDORIA DIVINA NESTA SITUAÇÃO. CON-

FIO NA SABEDORIA DIVINA PARA FAZER COM QUE EU AJA DA MANEIRA CERTA NESTE MOMENTO." Ela sentiu-se motivada a ir ao encontro e assim fez — mas o trem estava atrasado.

Depois que a amiga chegou e elas se cumprimentaram, a visitante lhe entregou um grande pacote. Como estava atrasada, ela foi direto para casa, em vez de fazer as compras necessárias para o jantar daquela noite. No caminho de casa, ela continuou a afirmar para si mesma: "A SABEDORIA DIVINA ESTÁ ATUANDO NESTA SITUAÇÃO, PRODUZINDO OS RESULTADOS PERFEITOS RAPIDAMENTE."

Ao abrir o pacote em casa, ela encontrou dentro dele tudo o que era necessário para o jantar daquela noite: pãezinhos, legumes, ovos, um frango — até uma sobremesa. Quando o jantar para os familiares foi servido, eles comentaram com surpresa que ela cozinhava muito bem.

Essa mulher percebeu que, apesar do dia tão atribulado, tudo havia funcionado perfeitamente quando pedira ajuda à sabedoria divina. Mais tarde, ela soube que o homem que seu marido trouxera inesperadamente para almoçar havia saído de casa naquela manhã prometendo nunca mais voltar. Mas devido à encantadora atmosfera que encontrara na casa dela, ele mudou de idéia e voltou para a família, prometendo fazer sua parte para tornar o ambiente doméstico mais harmonioso. A vizinha doente que ela tinha se preocupado em visitar naquela manhã recuperou-se e ficou interessada em estudar a Verdade com afinco, depois de constatar o seu poder com a visita da amiga.

Essa mulher descobriu que a sabedoria divina tem infinitas maneiras de fazer as coisas certas, principalmente em situações que parecem estar além do nosso controle.

## Um erro desastroso de Salomão

Talvez a maior coisa que podemos aprender a respeito do conceito de sabedoria seja esta: ele exerce permanentemente seu poder no interior e por meio de todas as coisas e de todas as pessoas, se nós não o bloqueamos quando a situação parece incerta ou mesmo fora de controle.

Você pode evitar danos consideráveis quando aprende simplesmente a invocar a sabedoria divina para ajudá-lo a enfrentar a vida de maneira vitoriosa.

O impressionante sucesso de Salomão ocorreu durante os primeiros anos de seu reinado, quando ele costumava pedir à sabedoria divina orientação a respeito de tudo. Durante todo o tempo em que seguiu essa orientação ele prosperou, até o ponto de se tornar um dos homens mais ricos que o mundo já conheceu.

Posteriormente, quando ele já acumulara uma imensa riqueza, Salomão esqueceu que sua prosperidade tinha ocorrido por meio do conceito de sabedoria. Ele começou a fazer conspirações, procurando aliar-se com potências estrangeiras que não davam importância à inteligência infinita. Salomão começou a buscar a proteção e a orientação desses potentados, em vez de continuar a buscar essa proteção e orientação dentro de si mesmo. Mesmo dono de um império, foi finalmente forçado a ir para o exílio e morreu na pobreza.

Estudando a vida de Salomão, observamos os dois lados da mesma moeda: prosperidade, ao seguir as orientações interiores da sabedoria divina; carência, ao confiar em pessoas e acontecimentos, mais do que nessa sabedoria que habita dentro de nós.

## É fácil utilizar o conceito de sabedoria

Aplicar o conceito de sabedoria é fácil e seus benefícios são ilimitados. Durante alguns minutos por dia, invoque em silêncio essa sabedoria cósmica para que ela aja em sua vida. Peça a ajuda dela a respeito de qualquer coisa que lhe diga respeito. Depois, permaneça calmo, relaxado, receptivo. À medida que relaxa, não tente forçar ou controlar seu fluxo mental; os pensamentos e as sensações começarão a fluir para você a fim de lhe proporcionar o seu bem maior. As pessoas e os acontecimentos destinados a lhe proporcionar isso encontrarão um caminho até você. À medida que você continua a invocar todos os dias essa sabedoria cósmica para impregnar sua mente e seu corpo, suas questões financeiras e seus relacionamentos pessoais, coisas notáveis irão acontecer. Afirme com freqüência: "ESTOU SOB A INFLUÊNCIA DA SABEDORIA DIVINA."

Conhecer o poder do conceito de sabedoria é uma das maneiras mais seguras de anunciar a prosperidade.

## Resumo

1. Salomão manifestou sua prosperidade usando o conceito de sabedoria. Você pode fazer o mesmo.
2. A verdadeira sabedoria é um conhecimento interior. Educar significa expressar o que existe dentro de você.
3. A verdadeira sabedoria está dentro de nós e brota quando lhe damos uma oportunidade.
4. Por meio da prática deliberada e diária da meditação, da afirmação, da reflexão em silêncio ou do estudo espiritual, você abre caminho para que a verdadeira sabedoria brote de dentro de você. À medida que segue as idéias que ela lhe dá, você é direcionado para as oportunidades, os acontecimentos e as pessoas que lhe trarão prosperidade.
5. A palavra "conceito" significa pensamento, a idéia ou noção. Você também pode pôr em prática o conceito de sabedoria afirmando que a sabedoria e a inteligência divinas o estão orientando.
6. Pôr em prática o conceito de sabedoria não apenas traz prosperidade, mas também cura e harmoniza a nossa vida.
7. Vivemos em um mar de sabedoria cósmica que é ao mesmo tempo imanente (interior) e transcendente (exterior).
8. Muitas vezes lutamos desnecessariamente porque não conhecemos esse poder que existe dentro de nós e à nossa volta, e não pedimos a ajuda dele.
9. Se você se encontra em circunstâncias sobre as quais parece não ter nenhum controle (objetivo), não lute contra elas. Invoque a sabedoria divina para agir de maneira correta nessas situações.
10. Se você está em dificuldades e não sabe como eliminar os obstáculos e barreiras que obstruem o seu caminho, invoque a sabedoria divina para agir da maneira correta. A solução virá. Invocar a sabedoria divina é uma das maneiras mais seguras para superar todas as dificuldades e aumentar a prosperidade.

# 9 Prosperidade por meio do conceito de amor



Pôr em prática constantemente o conceito de amor é uma das maneiras mais rápidas de superar todas as dificuldades e demonstrar sua herança espiritual de ilimitada riqueza.

Uma vez que a palavra *conceito* significa "algo concebido na mente", a maneira de pôr em prática o conceito de amor é preencher-se interiormente da idéia de amor e depois expressá-la tanto interna como externamente. Isso libera uma energia extremamente poderosa que é instantaneamente captada e retribuída por pessoas e situações.

Sociólogos mundialmente famosos fizeram experimentos na Universidade de Harvard sobre o poder do amor há algumas décadas. Na opinião deles, bombardear as pessoas e as situações com pensamentos de amor poderá vir a ser uma prescrição universal para curar as doenças que afligem o mundo todo.

Existem aquelas pessoas que lêem livros de auto-ajuda e fazem vários cursos sobre o sucesso, que acham que o poder da mente é tudo o que existe; que se utilizarem o poder da mente de maneira adequada, tudo acontecerá da maneira que elas desejam.

Por algum tempo, elas podem ter a impressão de que estão certas. Podem conseguir resultados extraordinários por meio do poder do pensamento e de suas técnicas, como as descritas em um dos capítulos anteriores. No entanto, sempre chega o momento em que elas compreendem que o poder da mente não é suficiente e deixam de progredir espiritualmente.

Na sua vida, você pode passar por períodos nos quais os princípios da Verdade parecem não funcionar mais a seu favor. Se isso acontecer, pode ser que você precise empregá-los com mais amor. O dever imutável da mente é se manifestar em forma de amor. Essa é a grande lição que a mente tem de aprender, a lição do amor. O poder da mente pode se tornar irracional quando não é usado com amor.

*A prática do conceito de amor pode ajudá-lo muito mais a atingir os seus objetivos do que todo o esforço mental do mundo.* Se você ficar muito ansioso para conseguir tudo o que quer da vida e tentar forçar mentalmente a manifestação desses desejos, você pode impedir que as coisas realmente boas se manifestem.

O emprego do conceito de amor atrai como um ímã, o que é bom para você, de incontáveis maneiras. Esse método elimina toda a tensão que cerca a manifestação da sua prosperidade.

Você pode começar a invocar o conceito de amor meditando muitas vezes a respeito da afirmação bíblica: "DEUS É AMOR." Dar ênfase a essa afirmação evita que você se torne muito insensível e reservada. Isso também pode fazer com que ocorra uma incrível transformação na sua vida e no seu ambiente.

A invocação do conceito de amor produz um certo tipo de vibração que as pessoas apreciam e retribuem. Dar ênfase ao conceito de amor transforma você em um ímã para a sua prosperidade.

Acreditando nisso, um grupo de empresárias decidiu reservar, durante o ano todo, alguns minutos de suas reuniões mensais para afirmar amor pelo grupo e pelos seus participantes. Essa seria uma tentativa de comprovar o poder do conceito de amor como um meio de chegar ao sucesso.

Pouco tempo depois da primeira reunião na qual elas afirmaram palavras de amor, várias empresárias de meia-idade se casaram! Uma delas ficara viúva havia 25 anos, mas logo se casou e partiu para o sul da Califórnia, para morar com o marido numa casa nova que ele comprara para ela à beira-mar. O número de mulheres desse grupo que se casaram no ano em que afirmavam o amor foi tão grande que tiveram de reorganizar todo o clube!

O conceito de amor funciona tanto de maneira pessoal quanto impessoal. Quando o utilizamos, ele geralmente faz com que novas pessoas e experiências venham fazer parte de nossa vida. Ele também promove harmonia e paz em nossos relacionamentos já estabelecidos.

## O conceito de amor fomenta uma atitude harmoniosa

As pessoas às vezes hesitam em usar o conceito de amor porque acham que ficar impregnadas de amor é ficar impregnadas de uma espécie de sentimentalismo exacerbado. Mas o amor é sincero — e em geral tranqüilo. O sentimentalismo exacerbado não é amor verdadeiro, porque não é sincero. Sua manifestação não engana ninguém por muito tempo.

O renomado psicólogo Eric Fromm descreve o conceito de amor de maneira muito simples: "O amor se revela como uma atitude harmoniosa com respeito à vida."

Os psicólogos afirmam que uma das causas das doenças mentais, dos problemas familiares e de saúde ou dos fracassos financeiros é a falta de "capacidade de doação" que muitas pessoas demonstram com relação à vida. Elas têm um rígido conjunto de regras a respeito de como a vida e as pessoas deveriam ser. Quando as pessoas e as circunstâncias não correspondem às essas rígidas regras, elas criticam, condenam, descobrem erros, resistem e se ressentem. São desprovidas de harmonia, de amor e de felicidade. Isso leva a todo tipo de problema, e elas se perguntam por que a vida nunca é da maneira como elas gostariam que fosse.

A prática do conceito de amor nos ajuda a desenvolver uma atitude não-crítica com respeito à vida e às pessoas. Tornamo-nos menos rígidos, menos inflexíveis, menos resistentes com relação à vida e às pessoas, quando elas não seguem nosso conjunto pessoal de regras. O conceito de amor nos ajuda a desenvolver uma atitude mais harmoniosa do que negativa, mesmo quando a vida e as pessoas não são o que achamos que deveriam ser.

## Como o conceito de amor ajuda vizinhos

É fácil ter uma atitude harmoniosa com relação à vida e às pessoas quando tudo acontece como planejamos. Se conseguirmos conservar essa atitude, sem resistir e sem fazer críticas, quando as coisas dão errado, estaremos então pondo em prática o conceito de amor e dando a nós mesmos uma oportunidade de agir corretamente, talvez de maneiras que jamais previmos.

Uma mulher tomou conhecimento do conceito de amor e decidiu usá-lo com um vizinho problemático, que freqüentemente dava escândalos e fazia barulho. Esse vizinho perturbava o sono de toda a vizinhança com o seu mau comportamento.

Quando essa mulher começou a afirmar diariamente que o amor divino estava mudando a situação e produzindo resultados perfeitos, o vizinho foi se acalmando. Em breve o vizinho deixou de dar problemas.

A vida está cheia de oportunidades para usarmos o conceito de amor e comprovarmos o seu poder de harmonização, de ajustamento e de prosperidade. Podemos começar a testá-lo nos problemas que nos confrontam todos os dias.

Uma das razões porque o conceito de amor é tão poderoso é o fato de que a palavra *amor* produz uma corrente magnética positiva e harmoniosa quando pronunciada deliberadamente. Essa corrente de amor dispersa os pensamentos hostis de ódio e os torna ineficazes. *O pensamento de desarmonia pode ser dissipado, não apenas na mente da pessoa que põe em prática o conceito de amor, mas também na mente de todos com quem ela entra em contato, fazendo com que essas pessoas se harmonizem e sejam abençoadas pelo exercício do amor de uma só pessoa.*

A pessoa comum não está ciente de que possui esse imenso poder para eliminar todas as emoções negativas — as suas e as dos outros. Tampouco a pessoa comum tem consciência de que a palavra *amor*, quando pronunciada continuamente, pode transformar condições mentais e físicas, questões financeiras e relacionamentos interpessoais.

Quando você se sente tentado a se opor, a guardar rancor ou a criticar as pessoas, as situações ou a vida em geral, convém usar o conceito de amor. Conservando pensamentos de amor, você permanece em harmonia com as pessoas, enquanto abençoa a situação em vez de deixá-la mais confusa.

## Como o conceito de amor cura

Muitas pessoas, em conseqüência de experiências infelizes na infância, têm pontos de resistência na mente subconsciente que resistem ao poder do pensamento ou das palavras. Contudo, as palavras de amor, quando pronunciadas repetidamente, eliminam essas áreas de resistência. Os metafísicos sabem, há anos, que a palavra *amor* revigora, reconstrói e revitaliza o homem e o seu ambiente.

Se uma pessoa não tiver a quem recorrer em busca de preces de amor, ela pode começar a curar a si mesma pela invocação do conceito de amor. Um garoto acordou à noite com uma forte dor de dente. Tendo em vista que não havia um medicamento em casa para aliviar a dor, ele começou a afirmar, repetidas vezes: "DEUS ME AMA. DEUS ME GUIA. DEUS ESTÁ ME MOSTRANDO O CAMINHO." A dor cessou. Ele voltou a dormir tranqüilamente e, logo no início da manhã seguinte, procurou o dentista que curou definitivamente sua dor de dente.

Além de desenvolver uma atitude harmoniosa com relação à vida por meio de afirmações de amor, também convém pronunciar palavras de amor para as pessoas de seu círculo pessoal, seus familiares e amigos.

Um médico inglês declarou certa vez perante a Royal Society of Medicine em Londres: "A maioria das pessoas precisa de um suprimento constante de consideração para ser feliz e mentalmente sã."

Necessitar de consideração e estima é normal. Os médicos descobriram que, em geral, as pessoas que não têm consideração e estima suficientes na vida ficam doentes ou neuróticas. Freqüentemente, palavras de amor, consideração e estima produzem nessas pessoas uma cura permanente, enquanto os métodos de tratamento usuais só as curam temporariamente.

Uma senhora com mais de 80 anos foi internada em um hospital, sofrendo muito e com muitas dores. Depois de examiná-la cuidadosamente, os médicos que a atenderam não conseguiram determinar qual era o seu problema de saúde, embora temessem que ela estivesse sofrendo de uma moléstia grave.

Ela ficou hospitalizada durante semanas e recebeu os melhores cuidados. Mesmo assim seu sofrimento físico continuava. Seu médico disse finalmente que não havia conseguido chegar a um diagnóstico preciso e seus familiares, então, resolveram levá-la para casa. Como ela vivia sozinha, eles contrataram uma governanta para cuidar dela.

A governanta era uma estudiosa da Verdade e sabia que uma pessoa pode se curar se se sentir amada e cercada de cuidados. Ela contava à anciã histórias engraçadas e fazia muitas gentilezas para ela. Freqüentemente, pronunciava palavras de estima para a senhora, o que a deixava muito feliz.

Em um mês, as dores e o sofrimento haviam desaparecido e a senhora antes enferma e infeliz voltou a ter uma vida ativa e saudável. Mais tarde, a sábia governanta disse a uma amiga: "O CTA fez isso. Aparentemente era disso que ela necessitava — 'cuidado terno e amoroso'."

O amor possui poderes maravilhosos. Uma boa maneira de testar seus poderes é empregar o conceito de amor com os membros da sua família. Por que ficar de lá para cá, tentando encontrar alguém a quem dar amor, quando alguém da sua família provavelmente precisa dele tanto quanto qualquer outra pessoa? Se você quiser realmente comprovar o poder do amor, comece em casa.

Um famoso psicólogo e conselheiro matrimonial disse que as palavras podem conservar ou destruir um casamento. O conselho dele era simples: "Olhe sempre para o seu cônjuge com bons olhos. Elogie, não censure. Há muito que elogiar, se você observar um pouco. Portanto, observe!"

## O poder libertador do amor

O conceito de amor inclui deixar que as pessoas que amamos descubram, por si mesmas, o que é bom para elas, em vez de achar que o amor que temos por elas nos dá o direito de tratá-las como nossa propriedade, de dominá-las e criticá-las.

O verdadeiro amor liberta, não aprisiona. Nunca perdemos um amor se o libertarmos. Ao contrário, por meio do ato de liberação, atraímos para nós esse amor que é nosso por direito divino, e ele se converte em uma forma de amor estável e gratificante para o espírito.

Uma mãe perguntou certa vez a uma amiga: "Como poderei evitar que minha filha se case sem o meu consentimento?"

A resposta da amiga foi interessante: "Mantendo sua vontade em sintonia com a vontade divina. A vontade da sua filha também é digna de consideração. Sua filha, por meio da Mente onisciente dentro dela, escolheu o caminho correto pelo qual sua alma pode obter melhor treinamento na grande escola da vida. No infinito esquema das coisas, todas as aparentes deficiências são corrigidas por meio das pessoas e dos eventos que a pessoa atrai para si. Você tem de relaxar e deixar que tudo aconteça por meio do fluxo dos acontecimentos.

"Todos os desafios que você enfrentar na vida têm como finalidade transmitir ensinamentos para você mesma e para sua filha. Ela está escolhendo, de acordo com uma lei infalível, o caminho mostrado pela sua história subconsciente, e você não tem direito a fazer outra escolha que não seja a escolha divina a esse respeito.

"Quem sabe você queira protegê-la de alguma experiência que você mesma teve? Se a experiência for necessária para o crescimento espiritual dela, você não pode evitá-la, embora possa adiá-la. Tudo na vida é aprendizagem. Se você quiser que sua filha não se case contra a sua vontade, então modifique a sua vontade. Afirme que a Vontade de Deus é o que importa. Depois, liberte-a para o Pai, para que a Vontade Dele, e não a sua, se manifeste."

As afirmações que a amiga sugeriu a essa mãe foram: "MEU AMOR NÃO APRISIONA VOCÊ NEM MINHA VONTADE A CERCEIA. EU A LIBERTO PARA O PAI. MANTENHO, NESTE MOMENTO, UM RELACIONAMENTO SINCERO COM TODAS AS PESSOAS E COM TODAS AS SITUAÇÕES. NESTE MOMENTO, TUDO SE HARMONIZA COM O QUE É CORRETO NESTA SITUAÇÃO, RAPIDAMENTE E EM PAZ."

Com muita freqüência, pessoas bem-intencionadas mas possessivas inundam a vida de outras pessoas com a substância de seu amor e ficam exauridas. O conceito de amor nos liberta das tentativas de dirigir a vida das outras pessoas ou de exaurir a nossa própria vida: "O AMOR DIVINO ESTÁ AGINDO AGORA POR MEU INTERMÉDIO PARA AJUSTAR TODOS OS DETALHES DE MINHA VIDA. O AMOR, NESTE MOMENTO, TRANSFORMA A MINHA VIDA."

## Integração entre o amor e a sabedoria

Em um antigo templo grego, estavam inscritas estas palavras: "O amor temperado com a sabedoria é o segredo da vida."

Ao passo que o poder da mente desprovido de amor torna-se frio e reservado; o amor, quando age sozinho, pode se tornar impulsivo. Integrado à sabedoria, o amor conhece seu verdadeiro modo de agir, o qual permite harmonizar as condições contraditórias da mente e do corpo.

Quando começar a desenvolver os conceitos de amor e sabedoria, afirme muitas vezes: "O AMOR E A SABEDORIA DIVINOS ESTÃO INTEGRADOS EM MIM." A integração desses dois poderes da mente traz equilíbrio para a sua consciência e para a sua vida.

Se você vem lutando mentalmente contra alguma coisa em sua vida, faça com que a sua mente extenuada e as suas emoções descansem, afirmando com freqüência: "O AMOR E A SABEDORIA DIVINOS ESTÃO INTEGRADOS NA SITUAÇÃO, MANIFESTANDO-SE DENTRO DELA DE MANEIRA PERFEITA." Depois relaxe e não pense mais nisso: "EU CELEBRO TODAS AS SITUAÇÕES NA MINHA VIDA COM AMOR E SABEDORIA. O AMOR E A SABEDORIA ESTÃO INTEGRADOS EM MIM E AGORA SE MANIFESTAM PERFEITAMENTE EM CADA FASE DA MINHA VIDA."

Uma afirmação em forma de oração que coloquei sob o vidro da minha escrivaninha há algumas décadas ajudou a transformar gradativamente a minha vida. Ei-la: "EU SOU A FILHA ILUMINADA DE DEUS, IMBUÍDA DA ESSÊNCIA DO AMOR E DA SABEDORIA DIVINOS, PELOS QUAIS SOU GUIADA EM TODOS OS MEUS CAMINHOS E LEVADA PARA O QUE PROPORCIONA O MEU BEM MAIOR."

Todos os tipos de dificuldade simplesmente desaparecem quando as pessoas meditam diariamente sobre os poderes harmonizadores do amor e da sabedoria.

## Resumo

1. A prática constante do conceito de amor é uma das maneiras mais rápidas de superar todas as dificuldades e de manifestar sua herança espiritual de prosperidade.
2. Uma vez que a palavra *conceito* significa "algo concebido na mente", a maneira de pôr em prática o conceito de amor é imbuir-se da idéia de amor e, depois, manifestá-lo tanto interna quanto externamente.
3. A prática do conceito de amor libera uma energia extremamente poderosa, que é sentida e retribuída instantaneamente pelas pessoas e pelas situações.
4. Os cientistas predisseram que bombardear as pessoas e situações com pensamentos de amor poderá vir a ser uma prescrição universal para curar as doenças do mundo.
5. O dever imutável da mente é se manifestar em forma de amor. O poder da mente pode se tornar irracional quando não é usado com amor.
6. A prática do conceito de amor pode ajudá-lo muito mais a atingir os seus objetivos do que todo o esforço mental do mundo. Se você ficar muito ansioso para conseguir tudo o que quer da vida, pode impedir que as coisas realmente boas se manifestem.
7. O emprego do conceito de amor atrai para você, como um ímã, a sua prosperidade e elimina toda a tensão que impede sua manifestação.
8. Você pode começar a invocar o conceito de amor meditando muitas vezes a respeito da afirmação "DEUS É AMOR." Isso evita que você seja uma pessoa insensível e reservada. A constante afirmação dessa verdade abre caminho para que ocorra uma maravilhosa transformação em você e no seu ambiente.

9. A palavra *amor*, quando pronunciada, produz uma corrente magnética positiva e harmoniosa, que elimina pensamentos adversos de ódio e os torna ineficazes, desfazendo assim a desarmonia na mente de quem está pensando e na mente de todas as pessoas com quem essa pessoa entra em contato.
10. Afirme com freqüência que o amor e a sabedoria divinos estão integrados em você. A união desses dois poderes mentais produz equilíbrio na sua consciência e na sua vida.

# Prosperidade por meio da restauração divina 10



Uma das maneiras menos conhecidas de prosperidade é dar ênfase à idéia da "restauração divina".

Se você pensar na causa das experiências ruins da sua vida, certamente descobrirá que a maioria das doenças, das dificuldades financeiras e dos problemas de relacionamento está associada a uma perda da fé.

Todos nós já sentimos, em determinadas ocasiões, que perdemos alguma coisa na vida e que por causa dessa perda passamos por experiências difíceis. Muitas vezes, ouvimos as pessoas dizerem: "Meus problemas começaram quando eu perdi meu marido (ou minha esposa)... quando eu perdi a saúde... quando eu perdi meu emprego... quando eu perdi minha reputação."

Correspondências que me chegam às mãos de todas as partes do mundo revelam que as pessoas que escrevem acham que seus problemas começaram por causa de alguma perda que sofreram na vida.

O ex-executivo de uma empresa, que estava com problemas financeiros e de saúde, achava que as complicações começaram quando perdeu sua noiva para outro homem há muitos anos. Uma mulher infeliz achava que todos os seus problemas de saúde, de falta de dinheiro e de desventura pessoal originavam-se do fato de ela ter nascido prematuramente, há cinqüenta anos! Sua crença — a de que a falta de mais um mês no útero de sua mãe diminuiu as suas chances de ter uma vida de qualidade — a tem levado, desde então, de um problema a outro. A perda de um dos pais ou de um amor na infância faz com que uma pessoa cercada de problemas apegue-se a essas perdas anos depois.

*A idéia de perda, quando cultivada na mente consciente e subconsciente, provoca muitas — talvez a maioria — das dificuldades da vida.*

É surpreendente como a idéia de perda se manifesta literalmente tanto nas pequenas quanto nas grandes experiências de vida. Conheci, certa vez, uma professora que estava constantemente perdendo coisas: peças de roupa, objetos pessoais, as chaves do carro e da casa, livros da escola na qual ela ensinava etc. Ela sempre dizia: "Tudo dá errado na minha vida desde que perdi o meu marido."

Anos antes seu marido tinha se divorciado dela, deixando-a com filhos pequenos para criar sozinha. Isso ela fez com sucesso. Mas, com o passar do tempo, ela havia "perdido a saúde". Uma breve conversa com essa professora revelou imediatamente que ela ainda sofria com a idéia de que sofrera uma perda irreparável; que não perdoara o marido por deixá-la com filhos para criar sozinha. Essa idéia de perda tinha se manifestado como perda de saúde, como a ausência de qualquer tentativa para ser feliz com outro casamento e como a perda sucessiva de vários objetos no seu dia-a-dia.

Quando ela aprendeu como invocar a afirmação da restauração divina, conseguiu livrar gradualmente sua mente da perda da fé. Recuperou a saúde, mudou-se para outra parte do país e começou uma vida nova, livre do incômodo de perder objetos domésticos e pessoais quase diariamente.

Uma executiva tinha "perdido" o marido. Depois que ele morrera, ela freqüentemente se perdia quando estava dirigindo seu carro. Mapas rodoviários e pedidos de informação pareciam não ajudar. Um dia, ela compreendeu que o fato de se perder com tanta freqüência decorria da idéia que ela ainda tinha de que sofrera uma perda emocional.

Quando começou a invocar a lei da restauração divina, ela sentiu vontade de fazer uma roda da fortuna (ver o Capítulo 4) para o modo de vida que realmente desejava, em vez de continuar a ficar pensando em perdas do passado. Isso abriu caminho para um novo trabalho em outra região e lhe proporcionou uma vida nova e cheia de alegria.

A propósito, a sentença: "NÃO EXISTE PERDA NO ESPÍRITO — O OBJETO ORIGINAL OU O SEU EQUIVALENTE DIVINO SE MANIFESTA NESTE MOMENTO" é uma ótima afirmação que um grande número de pessoas vem fazendo para recuperar coisas perdidas, com bons resultados. Um comerciante que havia perdido um anel de família, de grande valor sentimental, encontrou a jóia na casa de uma cunhada dois anos depois de usar essa afirmação. Um estudante encontrou sua carteira com uma nota de um dólar, um ano depois de tê-la perdido, em um dia de chuva num lamaçal perto da escola. Tanto ele quanto a mãe haviam afirmado durante um ano que não havia perda no Espírito, e que a carteira ou o seu equivalente iria voltar às mãos dele.

## A palavra *perda* significa ruína

A palavra *perda* significa literalmente "ruína" ou "destruição" e cultivar a idéia de perda é com certeza uma atitude destrutiva. Se você se apegar à idéia de perda, ela irá arruinar a sua saúde, acabar com a sua prosperidade e destruir a sua paz de espírito bem como a sua felicidade pessoal.

Se você tiver problemas duradouros que suas orações não solucionaram, verifique se não está mantendo um pensamento destrutivo de perda. É provável que você esteja relacionando esses problemas a uma ocasião em sua vida na qual teve a impressão de perder alguma coisa ou alguém. Provavelmente, você acredita que essa perda é a razão de todos os seus problemas.

Como você não deixou que essa idéia de perda se desfizesse, impediu também que se desfizessem os problemas causados por ela.

Assim, a idéia de perda continuou a persegui-lo, provocando uma crescente destruição e uma aparente perda na sua vida.

Uma maneira eficiente de superar a idéia de perda e suas conseqüências é lembrar a si mesmo esta importante verdade: *Não existe perda no Espírito. Se você tem a impressão de que perdeu o bem que lhe estava destinado, é porque ele assumiu outra forma! Lembre-se de que não pode haver perda em nenhum ciclo da natureza. Os elementos da natureza simplesmente mudam de forma. Quando o bem parece abandoná-lo — voando pela janela —, deixe-o ir. Esse é um bem que ficou pequeno demais para você. Aguarde então um bem maior que entrará pela porta da frente!*

Quando corta uma rosa de uma roseira, você não diz: "Não haverá mais rosas." Você sabe que o arbusto irá crescer e que as rosas irão florir novamente, porque as raízes não foram destruídas. *Deus possibilita o crescimento!* A palavra *restaurar* significa "tornar belo novamente" e, por meio de uma atitude correta a respeito de perda aparente, você pode restaurar ou tornar bela novamente a sua vida.

Com esse propósito, use com freqüência estas orações: "NÃO EXISTE PERDA NO ESPÍRITO. NÃO HÁ COMO PERDER AQUILO QUE ME FAZ BEM. EU NÃO PERCO NADA QUE ME FAÇA BEM, EMBORA POSSA SER PRIVADO DE ALGUNS ASPECTOS DESSE BEM. O QUE É BOM PARA MIM SIMPLESMENTE TOMOU OUTRA FORMA. AGORA ACOLHO COM SATISFAÇÃO TODO O BEM QUE VEM PARA MIM SEGUNDO A VONTADE DE DEUS E DE MANEIRA CORRETA. O QUE É BOM PARA MIM ESTÁ AGORA RESTAURADO PELO PODER DIVINO. MINHA VIDA AGORA É BELA NOVAMENTE."

## A afirmação do sucesso elimina a crença na perda

Você pode eliminar a idéia da perda e suas conseqüências compreendendo que *a convicção do sucesso atual e futuro elimina a crença na perda.* A mente aceita sem questionar a idéia de sucesso contida na expressão *restauração divina,* uma vez que é fácil para ela considerar que a antiga felicidade foi, de alguma forma, restaurada e adaptada ao sucesso atual.

O profeta Joel foi um grande psicólogo que demonstrou como o sucesso pode ocorrer por meio da afirmação da restauração divina; como uma pessoa pode atrair para a vida dela aquilo que compensa duas vezes mais o que deixou de existir. Ele demonstrou essa maravilhosa postura de sucesso ao povo de Jerusalém setecentos anos antes da vinda de Jesus Cristo, em um momento em que ele estava muito desanimado. Ocorrera uma grande praga de gafanhotos, que causara muito sofrimento e destruíra todas as colheitas, deixando o povo sem ter o que comer.

Deus falou por meio de Joel e fez aos hebreus esta promessa de realização divina: "Eu vos restituo os anos que o gafanhoto devorou... Comereis até fartar-vos, louvareis o nome de Iahweh, vosso Deus, que vos tratou de modo maravilhoso. (Meu povo não se envergonhará nunca mais!)" [Joel 2:25-26]

"Os anos que o gafanhoto devorou" simbolizam aquele período de sua vida que pareceu destituído de coisas boas, ou mesmo cheio de problemas. São períodos que você se sente inclinado a relembrar com amargura, ressentimento e profunda mágoa. Deus prometeu restituir os anos aos hebreus e Ele irá restituir os seus também, se você mudar o seu modo de pensar a respeito desses períodos difíceis. Esses períodos de aparente perda do bem podem ser restituídos a você com maiores benefícios, quando você começar a acreditar que isso pode acontecer. Escreva a palavra *ganho* em todas as páginas da sua vida!

Recorde esses dolorosos períodos e diga para si mesmo: "Não houve nenhuma perda. Houve, na verdade, uma experiência de ganho. Ganhei algo de bom dessa experiência, porque aprendi alguma coisa com ela. Cresci por meio dela e proclamo esse crescimento. Proclamo esse ganho."

## Como se livrar da infelicidade do passado

Da mesma forma que as pessoas do tempo de Joel, é provável que você ache que houve anos da sua vida que o gafanhoto devorou, pois pode ter ocorrido períodos nos quais você não sentiu alegria de viver, felicidade nem paz. Pode ter ocorrido momentos dos quais você se envergonha. (A maioria de nós os tem!) Momentos que você gostaria de esquecer deles ou fugir. Mas você não pode esquecê-los antes de recolocá-los no seu devido lugar nos seus pensamentos e sentimentos. Eles não podem ser excluídos; devem ser mental e emocionalmente restaurados.

É por isso que eles permanecem com você, sem que consiga esquecê-los. Eles têm de ser restaurados no seu pensamento, passando a representar anos de crescimento e aprendizado e, portanto, anos benéficos — embora pareçam o contrário. Em certo sentido, o passado não pode ser mudado; mas mental e emocionalmente, o passado pode ser restaurado e reconhecido como um tempo de crescimento, que ampliou sua compreensão e sabedoria — um tempo que abriu caminho para que você recebesse o que há de melhor.

Você não seria a pessoa que é hoje, não teria o amor, a compreensão, a maturidade, o vigor, a sensibilidade, o desejo de busca espiritual por uma maior benevolência de Deus na sua vida — se não tivesse passado pelas experiências que vem condenando. Com o passado, você cresceu, desenvolveu-se e aumentou o seu discernimento e o seu mundo. Portanto, não tente fugir do passado. Não o condene. Tente apenas colocá-lo no devido lugar no seu pensamento. Aquelas experiências ocorreram em seu benefício, pois por meio delas você chegou à "maioridade" em seu discernimento. *Livre-se de toda angústia ou condenação, pessoal ou alheia, com relação ao seu passado*. Como disse José a respeito de seu passado infeliz e daqueles que o causaram, depois de ter chegado à maturidade do seu discernimento e ter sido abençoado: "O mal que tínheis intenção de fazer-me, o desígnio de Deus o mudou em bem." (Gênesis 50:20)

Da mesma forma que Deus está no seu presente, Ele também estava no seu passado. Ele estava ao seu lado quando você passava pelas experiências que agora considera sem proveito. Ele estava lá, ajudando-o a crescer, guiando-o, por meio daquelas experiências (quer Ele parecesse estar presente ou não), rumo à plenitude. Se Ele estava com você, levando-o para o bem maior, como poderia o passado ter sido infeliz, infrutífero ou sem proveito?

Portanto, deixe que os anos que os gafanhotos devoraram sejam agora restituídos a você! Eles foram o caminho que o seu espírito tomou para levá-lo ao seu atual nível de discernimento como filho de Deus!

## Um período de ganho, não de perda

Segundo o *Metaphysical Bible Dictionary* [Dicionário metafísico da Bíblia],[1] Joel simboliza uma atitude ou sensação de domínio. Com sua promessa de restauração ao povo de Jerusalém, Joel estava tentando ajudá-lo a obter uma sensação de domínio sobre as desoladoras circunstâncias. Ele sabia que, quando um homem se sente no controle de circunstâncias desoladoras, é capaz de se sentir abençoado por elas — evitando que elas o controlem.

Esses anos desoladores podem ser restaurados quando você começar a compreender a grande verdade expressa por Emerson, em seu ensaio *Compensação*, no qual ele afirma que para cada coisa que uma pessoa perde, ela também ganha alguma coisa. Lembrando-se disso, você pode invocar a lei da restauração divina. *Pare de pensar em aparentes perdas na sua vida e procure descobrir o crescimento e o ganho que obteve por meio delas. Para cada perda há um ganho, portanto liberte-se das perdas e usufrua o ganho!*

Quando a idéia de perda aparente parecer assaltá-lo, em vez de aceitá-la como perda, diga para si mesmo: "ISSO NÃO FOI UMA PERDA. FOI UM GANHO. AGORA ME LIBERTO DA PERDA E USUFRUO O GANHO."

Uma outra maneira de recuperar os anos dos quais os gafanhotos se apropriaram é lembrar-se de que *Deus pode nos proporcionar tantos benefícios no momento presente que eles parecerão preencher totalmente o vazio do passado*. Essa é uma maravilhosa forma de restauração divina.

Certo dia, uma dona de casa comprovou isso para sua própria satisfação, ao receber uma carta do pai, que estava distante e a quem ela não via há anos. Ele pedia permissão para visitá-la e conhecer seu marido e seus filhos. Houvera muitos desentendimentos entre a mãe e o pai dela quando ela era criança, o que os levou a se divorciar. Depois de ter notícias do pai novamente, toda a animosidade do passado aflorou dentro dela. Mas, ao orar pedindo orientação, ela foi tomada por uma sensação de paz a respeito da visita dele. Ela deci-

1. Publicado pela Unity School of Christianity, Unity Village, MO 64065, 1931.

diu que talvez fosse por "desígnio divino" que ele manifestara aquele desejo.

Quando o pai chegou, provou ser o melhor hóspede que ela já tivera. Eles riram, conversaram e compartilharam um sentimento mútuo de companheirismo que jamais haviam conhecido. O pai foi extremamente afável com o marido e os filhos dela. Essa visita representou uma experiência de terapia espiritual para todos os envolvidos. Na verdade, foi como se a felicidade do presente compensasse o vazio do passado.

Então o pai dela se foi e, seis meses depois, ela recebeu a notícia de que ele havia falecido em uma cidade distante. Ela ficou feliz porque os anos "perdidos" haviam sido recuperados na última visita que ele fizera à família.

## Um homem de negócios consegue um emprego melhor

A afirmação da "restauração divina" funciona na prática?

Sim! *As afirmações de restauração e de realização divinas estão entre as orações que dão resultados mais rápidos no universo!* Por quê? Porque o universo está repleto de coisas boas para toda a humanidade. Na verdade, o universo não tem nenhuma função mais elevada senão manifestar sua generosidade para e pelo homem, sua mais sublime criação. Quando você se apega ao pensamento de "ganho", "restauração" ou "realização", transforma-se em um canal pelo qual o universo pode verter seus abundantes benefícios.

Foram negados a um executivo vários aumentos de salário e promoções, embora funcionários que ocupavam cargos mais baixos tivessem sido promovidos e recebido aumentos. Parecia uma situação muito injusta. O homem tinha apelado aos seus superiores inutilmente.

Parecia que ele estava sem sorte com relação àquela situação. Ele ficara ressentido e achava que estava sofrendo uma grande injustiça. Então tomou conhecimento da bem-sucedida lei da restauração divina. Aprendeu que sua sorte, que parecia ter sido negada ou mesmo perdida no passado e no presente, ainda poderia ser recuperada.

Ele passou a afirmar que não deixara de ter sorte; ela tinha apenas mudado de forma.

Foi nesse momento que ele compreendeu que havia chegado tão longe quanto realmente desejara chegar no seu atual emprego. Na verdade, ele já tivera mais sorte ali do que jamais imaginara. Durante muitos anos, ele estivera interessado em outro campo de trabalho, mas lhe tinha faltado coragem para enfrentar uma mudança de emprego, uma vez que isso significava começar outra vez de baixo e ganhando menos. Não obstante, ao invocar a lei da restauração divina para que lhe fosse devolvida a sorte do passado e do presente, ele recebeu uma oferta que fez com que ingressasse no campo de trabalho almejado. Dessa vez, ele teve coragem para aceitá-la, embora ela significasse uma drástica e imediata redução de salário.

Visto que ele continuava a afirmar que a sorte do passado e do presente que lhe pertencia por direito divino estava surgindo, ela apareceu! Dentro de um ano, esse homem estava recebendo um salário muitas vezes maior que o salário mais alto que tivera em seu emprego anterior. Além disso, ele tinha mais liberdade, condições e oportunidades para dar opiniões do que tinha no emprego anterior. Sua sorte acumulada aflorou e multiplicou-se, depois que ele a afirmou e aceitou. A experiência decepcionante anterior demonstrou não ter sido uma perda, mas um ganho.

## Um ex-prisioneiro refaz a sua vida

Um comerciante cometeu um crime e ficou preso durante alguns anos. Seus companheiros de prisão disseram: "Sua vida está arruinada pelo fato de você ter sido preso. Você ficará marcado por toda a vida."

Um pouco antes de terminar de cumprir a sentença e ser libertado, esse homem tomou conhecimento dos bons resultados da lei da restauração divina, e começou a afirmar que toda a sorte que parecia lhe ter sido negada durante os anos que permanecera preso lhe estava sendo restituída por desígnio divino. Ele decidiu que ainda poderia ter uma vida digna, a despeito de seus antecedentes criminais: "O AMOR CLEMENTE DE JESUS CRISTO LIBERTOU-ME DO PASSADO E DO QUE

RESULTOU DOS ERROS DO PASSADO. ENCARO O FUTURO COM SABEDORIA, LIBERDADE E DESTEMOR."

Depois de ser libertado da prisão, ele recebeu imediatamente uma proposta de trabalho, na área em que tinha experiência. Em breve ele havia juntado dinheiro suficiente para abrir seu próprio comércio. Um ano depois de ter voltado a trabalhar "fora das grades", ele fez um feliz casamento. Sua esposa não deu a mínima importância ao fato de ele já ter sido preso. Atualmente, ele é um comerciante próspero e feliz, que leva uma vida normal, muito diferente da que levava poucos anos antes. Esse homem teve a coragem de reconhecer e solicitar, no presente, todas as graças que não soubera pedir no passado. Ele provou que *pouco importam os erros que cometemos ou as experiências infelizes que tivemos no passado, pois podemos superá-los e voltar a ter uma vida digna.*

Esse homem também comprovou uma outra grande verdade a respeito dos "períodos difíceis" de carência e infelicidade, pelos quais a maioria de nós passa: assim como as videiras podadas produzem frutos de melhor qualidade, os períodos de sofrimento, problemas e desafios pelos quais você passa também podem ser considerados como períodos de poda. O bem maior que você já conheceu antes pode voltar à sua vida depois dessas experiências de provação, se você não tiver medo de enfrentá-las e de aprender com elas.

Assim, os períodos de dificuldade não precisam ser períodos de carência e de perda. Uma aparente derrota pode conter o germe de um sucesso transcendental, de modo que não há necessariamente derrota, embora possa haver adiamento. O sucesso muitas vezes vem depois do fracasso.

Uma vez que a tendência da alma é sempre seguir para o alto e para a frente, os períodos de dificuldade podem ser ocasiões para evocar forças espirituais e mentais para mais uma vez avançar. Às vezes, quando você tem a impressão de estar retrocedendo, é porque está reunindo forças para seguir em frente! Essas aparentes "experiências de retrocesso" lhe proporcionam mais sagacidade, discernimento e compreensão do que seria possível se percorresse os caminhos mais fáceis da vida.

## O antigo segredo da restauração

Os antigos conheciam um segredo a respeito do universo que você deve conhecer também. Quando estiver consciente dessa verdade cósmica, você poderá transformar o fracasso em sucesso, a frustração em maior compreensão e a perda em ganho. O segredo é este:

Deus, como um Pai afetuoso, reservou um bem ilimitado e infinito para todos os Seus filhos, inclusive você. Esse bem é eterno — e está sempre acessível. Ele não pode ser tirado de você. Se você tem a impressão de que esse bem lhe foi tirado ou negado, é porque suas atitudes e ações lhe obstruíram a passagem! Não as atitudes e ações dos outros, mas as suas próprias! Foram elas que impediram a manifestação desse bem. Quando não é bloqueado pelos pensamentos do homem, esse bem universal pode se manifestar de incontáveis maneiras.

Uma vez que essa ilimitada felicidade é a sua herança divina, ela espera constantemente ser reconhecida e reivindicada. Quando você a reivindicar e invocar, a felicidade surgirá.

Além disso, *não pense que a felicidade que você não identificou ou reivindicou no passado se perdeu. Ela está represada no mundo espiritual, aguardando que você a identifique e reivindique. A felicidade que você parece ter perdido no passado ainda é sua.* Ela está sendo multiplicada no mundo espiritual, da mesma forma que o dinheiro que rende juros no banco. Sua felicidade ainda quer se manifestar na sua vida como uma bênção que lhe traz saúde, prosperidade e felicidade no presente. *Sua felicidade necessita de você tanto quanto você necessita dela.*

Ela ainda pode se manifestar para você. Quanto maior a felicidade que você deixou de reivindicar no passado, maior será aquela que você poderá reivindicar no presente. Sabendo disso, você ainda pode reivindicar no presente e no futuro todas as graças que não reivindicou no passado. *O que quer que tenha sido tirado de você pode ser recuperado por desígnio divino!*

Na primeira vez que expliquei esse antigo segredo da restauração numa palestra, uma dona de casa ficou tão empolgada que deu gritos de alegria no meio da palestra, e eu tive de parar de falar, diante de uma platéia aturdida, até que ela se acalmasse. Nos meses seguintes, ela comprovou que o bem que não reivindicara no passado não estava perdido. Foram tantas as novas graças concedidas a ela e aos seus familiares que as pessoas perguntavam: "Qual é o seu segredo? Qual foi o grande poder que transformou definitivamente a sua vida? Onde está a sua lâmpada de Aladim?"

## Como a restauração divina melhorou a vida de várias pessoas

Uma viúva passara por muitas atribulações. Ela estava só, endividada, infeliz em seu trabalho e insatisfeita com a vida em geral. Embora os amigos orassem para que ela se livrasse de todos os problemas, ela cortava o efeito dessas orações continuando a se lamentar pelo fato de a vida lhe tratar de modo tão cruel.

Por fim, ela compreendeu que suas palavras negativas eram o seu pior inimigo. Então, deixou de falar a respeito das desagradáveis experiências que tivera na vida e começou a afirmar a "restauração divina", enquanto ponderava sobre a promessa bíblica: "Eu vos restituirei os anos que o gafanhoto devorou" (Joel 2:25).

Depois que começou a fazer a oração da restauração divina, toda a vida dela mudou. Ela recebeu uma promoção e um aumento de salário. Uma amiga antiga a quem certa vez tinha ajudado decidiu mostrar sua gratidão presenteando-a com mil dólares. Com esse dinheiro, ela saldou suas dívidas e aumentou sua independência financeira. Logo se casou, depois de ter vivido sozinha durante vinte anos. De fato, os anos que os gafanhotos consumiram lhe foram restituídos.

Um comerciante estava seriamente endividado e não via nenhuma saída. Ele havia sofrido um acidente e demorado um ano para se recuperar, antes de voltar às suas atividades comerciais. Nesse meio-tempo, ele havia confiado a administração dos seus negócios a outras pessoas que não tinham experiência nem conhecimento para tanto. Embora sua intenção fosse ajudar, elas quase o levaram à falência. Em decorrência das dívidas e da falta de crédito, esse homem não conseguia um empréstimo bancário que amenizasse suas dificuldades. Ele dizia: "Se eu conseguisse cinco ou seis mil dólares, liquidaria os débitos mais urgentes e manteria o meu negócio até que a situação se normalizasse outra vez."

Duas atitudes decisivas predominavam e impediam que surgisse uma solução. Primeira: aquele homem estava profundamente desestimulado e desesperado. Parecia não haver nenhuma saída nem a quem recorrer. Segunda: ele tinha uma grande sensação de perda a respeito do ano em que estivera doente. Continuava a dizer a si mesmo: "Se pelo menos eu não tivesse sofrido aquele acidente, isso não teria acontecido. Eu ainda seria próspero."

Essas atitudes são freqüentes em pessoas endividadas, mas as atitudes têm de ser modificadas antes que as situações possam mudar. Sugeriram a esse comerciante que fizesse esta afirmação: "Existe uma solução divina para esta situação. A solução divina é a solução perfeita. Dou graças porque a solução divina está se manifestando neste momento!"

Para eliminar a sensação de perda a respeito do ano que ficara afastado do trabalho, sugeriram-lhe estas idéias: "Embora pareça triste no momento, comece a ter consciência de que não há motivo para que haja uma perda permanente nessa experiência. O que você acha ter perdido durante esse ano de aflição pode lhe ser 'restituído por desígnio divino', seja financeiramente seja de outra maneira." Para ajudá-lo a tomar e manter essa atitude, as palavras seguintes foram datilografadas em um cartão para que ele o levasse na sua carteira. Recomendaram que ele lesse estas palavras várias vezes por dia, quando o desânimo ou a sensação de perda começasse a envolvê-lo: "Dou graças pela restauração divina dos meus negócios. A restauração divina está agora agindo plenamente em favor de todos os envolvidos, e os resultados perfeitos estão se manifestando. Agradeço por todos os compromissos financeiros que estão sendo saldados, segundo a vontade de Deus e de maneira extraordinária."

Durante algumas semanas, ele fez diariamente essas afirmações. No início, não ocorreu nenhuma mudança, mas ele persistiu sabendo que havia uma solução. Nunca se cansou de afirmar a restauração divina.

Então, certo dia tudo mudou. Ele e a esposa foram a uma reunião de família, e a cunhada, mulher do seu falecido irmão, chamou-o de lado e disse: "Há alguns anos, quando você pagou para entrar como sócio da firma do meu marido (e que mais tarde passou a lhe pertencer), achei que ele havia lhe cobrado um preço muito alto. Agora que ele se foi, não quero mais ser proprietária do prédio em que você tem o seu negócio. Também quero lhe restituir o dinheiro a mais que você pagou para entrar na sociedade.

"Um especialista disse-me que o prédio vale 25 mil dólares se eu o vender diretamente. No entanto, eu ficaria feliz em vendê-lo para você por 10.000 dólares." O homem então procurou se informar e descobriu que poderia obter um empréstimo de 16 mil dólares. Depois de efetuar a compra do prédio, ele ainda tinha 6.000 dólares para saldar os débitos mais urgentes e uma quantia para o capital de giro. À medida que essas transações eram concretizadas, ele enchia-se de novas esperanças e realizava negócios vantajosos, que o ajudaram a trazer ordem e prosperidade à sua vida e livrar-se do caos e da possibilidade de falência. A restauração divina se manifestou na vida desse homem, depois que ele começou a acreditar que isso poderia acontecer.

## A afirmação da restauração possibilita um novo amor

Uma mulher divorciada comprovou o poder das afirmações de restauração, depois que elas lhe trouxeram um novo amor. Seu marido a havia deixado com filhos pequenos. Parecia uma experiência infeliz e decepcionante. A família dela insistia para que ela o processasse por não pagar a pensão alimentícia e o criticavam severamente. No entanto, ela se recusava a denunciá-lo e dizia aos familiares que queria evitar toda a amargura, infelicidade e sentimentos negativos que poderiam advir de mais uma briga com o ex-marido. Ela sabia que ele jamais tinha encontrado o seu verdadeiro lugar na vida e que ainda estava confuso e inseguro a respeito de muitas coisas. Sabia também que para obter o que quer que fosse dele, teria de lutar para conseguir.

Em vez de discutir para resolver a situação, ela começou a afirmar: "O BEM QUE ME FOI CONFERIDO NÃO ME PODE SER NEGADO. EM ALGUM LUGAR, DE ALGUM MODO, ALGUM DIA, O BEM QUE PARECE PERDIDO NESTA

EXISTÊNCIA SERÁ RESTITUÍDO A MIM E AOS MEUS FILHOS. NOSSA PROSPERIDADE AINDA CHEGARÁ PARA NÓS, NA OCASIÃO APROPRIADA, DA MANEIRA CERTA, POR MEIO DOS CANAIS ADEQUADOS."

Essa mulher voltou a exercer sua profissão. Posteriormente, recebeu uma carta do ex-marido, contando que ele havia se alistado nas forças armadas. Ele informava que parte do salário dele fora destinada aos filhos, como pagamento da pensão alimentícia, o que aconteceu realmente. Ele também acabou ajudando a pagar a educação deles.

Nesse meio-tempo, essa mulher trabalhou arduamente na profissão que escolhera. Exatamente quando assumiu o cargo mais alto, ela conheceu um homem excelente que deu a ela e aos filhos o amor, a segurança emocional e a compreensão que pareciam lhes ter sido negados no passado.

Sua afirmação se realizara. O bem que antes parecia lhe ter sido negado era agora restaurado. Sua felicidade chegou, com dividendos, na ocasião exata, da maneira correta, pelos canais adequados.

Um comerciante perdeu a esposa para outro homem. Parecia uma perda irreparável. Um dia, esse homem leu: "Se sua amada ainda fosse sua, ninguém poderia tê-la afastado de você. Quando os semideuses se vão, os deuses chegam. 'Eu vos restituo'."

Essas palavras o ajudaram a livrar-se da mágoa, do desapontamento, da censura e da desaprovação que ele sentia com relação à esposa. Isso o ajudou a ter paz de espírito e a buscar a restauração divina. No devido tempo, ele fez um casamento feliz novamente. Soube então o que significava de fato a promessa "Eu vos restituo".

## Como invocar a restauração divina

Há um ditado que diz: "O que Deus nos dá não pode ser tirado." Tenha a coragem de relembrar as experiências da sua vida, em que nenhum bem parecia estar se manifestando e afirme: "ESSE BEM NÃO FOI TIRADO DE MIM NESSA EXPERIÊNCIA. ELE AINDA PODE REAPARECER."

Um homem relembrou uma experiência infeliz de vinte anos atrás. Ele sempre achara que sua felicidade fora destruída por outras pessoas nessa ocasião. Depois de aprender a oração da restauração divina, ele começou a afirmar as seguintes palavras, tendo em vista essa desagradável recordação: "Minha felicidade não foi tirada de mim naquela experiência. De alguma maneira, ela irá reaparecer."

De maneira surpreendente, isso aconteceu por meio das mesmas pessoas que anteriormente tinham agido mal com ele. Elas decidiram fazer por ele, no presente, o que não haviam feito há duas décadas.

*Sempre há um poder permanente de compensação e restauração atuando em cada pessoa e em cada experiência de perda.* Sua felicidade do passado e do presente ainda pode aparecer, se você adotar uma nova atitude e *esperar* que isso aconteça. Isso ainda pode ocorrer por meio das situações e das pessoas que pareciam ter lhe causado dano anteriormente. Com mais freqüência, no entanto, sua felicidade chegará na forma de uma experiência totalmente nova, que compensará muitas vezes as antigas. Como disse um escritor: "Outros tempos e outros homens irão me fazer justiça."

## A restauração segue o ritmo divino

Entretanto, a restauração ocorre de acordo com o "ritmo divino" — não com o ritmo humano, que deseja que ela ocorra imediatamente. Ela é um processo em desenvolvimento.

O momento adequado, de acordo com esse "ritmo divino", às vezes se encontra no final de um ciclo antigo ou pode estar no início de um novo ciclo. Há também ciclos recorrentes em que novamente nos é concedida uma chance, depois de termos perdido uma oportunidade anteriormente. Já observei várias vezes esses ciclos recorrentes e os recebi com satisfação, como uma oportunidade para compensar erros ou "omissões" anteriores.

Assim, você não deve ficar preocupado quando um benefício previsto não acontece em um momento preciso. A restauração divina está sempre em ação e no momento exato ela aparecerá, de acordo com o ritmo divino.

Em vez de tentar atrair para si, à força, a sua felicidade do passado ou do presente, da maneira que *você* considera melhor, abra todos os canais, afirmando: "MINHA FELICIDADE NÃO ESTÁ PERDIDA. MINHA FELICIDADE APARECE AGORA ASSUMINDO A FORMA SÁBIA E PERFEITA ORDENADA POR DEUS." Depois, deixe que ela surja, por meio de quem quer que seja. Essa atitude abre caminho para que a imutável felicidade o alcance de maneira constante. Com esse objetivo em mente, declare muitas vezes: "TODAS AS PORTAS AGORA ESTÃO ABERTAS. TODOS OS CANAIS AGORA ESTÃO DESOBSTRUÍDOS. O MUNDO TODO DIZ SIM PARA MIM!"

Você pode invocar a restauração divina declarando várias vezes: "INVOCO O PODER DIVINO DA RESTAURAÇÃO. MINHA FELICIDADE DO PASSADO E DO PRESENTE ESTÁ SENDO AGORA DIVINAMENTE RESTAURADA PARA MIM. TODAS AS BÊNÇÃOS QUE DEVERIAM SER MINHAS AINDA ESTÃO DISPONÍVEIS PARA MIM, DA MELHOR FORMA POSSÍVEL. ELAS NÃO SE PERDERAM. AINDA EMANAM DE DEUS, DE ACORDO COM A SABEDORIA E PERFEIÇÃO DIVINAS. REIVINDICO TAMBÉM MINHAS BÊNÇÃOS DO PRESENTE. A FELICIDADE QUE ME CABE CHEGA ATÉ MIM NESTE MOMENTO E EU A ACEITO. EU A ESTOU RECEBENDO AGORA. ESTOU RECEBENDO AGORA O MEU BEM MAIOR, NO ÂMBITO MENTAL, CORPORAL E PROFISSIONAL! MINHA FELICIDADE ACUMULADA DO PASSADO E DO PRESENTE MANIFESTA-SE AGORA NA MINHA VIDA COMO PRECIOSAS BÊNÇÃOS. ESTE É UM MOMENTO DE REALIZAÇÃO DIVINA. RECEBO AGORA, COM SATISFAÇÃO, MINHA FELICIDADE ACUMULADA. DOU GRAÇAS PELA RESTAURAÇÃO DIVINA NO ÂMBITO MENTAL, CORPORAL E PROFISSIONAL.

## Resumo

1. Uma das maneiras menos conhecidas de manifestar prosperidade é dar ênfase à idéia de "restauração divina".
2. A idéia de perda, quando cultivada consciente e subconscientemente, provoca muitas das dificuldades da vida.
3. A palavra *perda* significa literalmente "ruína" ou "destruição" e cultivar a idéia de perda é uma atitude destrutiva. Se você se apegar à idéia de perda, ela irá arruinar a sua saúde, acabar com a sua prosperidade e destruir a sua paz de espírito, bem como a sua felicidade pessoal.
4. A crença no sucesso atual e futuro elimina as suposições anteriores relacionadas à perda.

5. Você pode cultivar essa crença no sucesso atual e futuro compreendendo que:
   a) Não existe perda no Espírito nem em nenhuma parte do universo. Você nunca perde o bem que lhe está destinado. Se parecer que isso aconteceu, é porque esse bem mudou de forma. O bem do passado é um bem que ficou pequeno demais para você, portanto deixe-o ir embora.
   b) A palavra *restaurar* significa "tornar belo novamente". Afirmações de restauração divina eliminam a crença na perda e tornam a sua vida bela novamente.
   c) Existem ciclos recorrentes em que temos uma nova chance, depois de deixarmos escapar uma oportunidade. Esses ciclos recorrentes ocorrem de acordo com o "ritmo divino" — ou seja, só ocorrem quando você está preparado para eles em seu crescimento espiritual.
6. Pare de pensar nas perdas aparentes que sofreu, e procure descobrir o crescimento e o ganho que obteve por meio delas. Para cada perda há um ganho, portanto liberte-se das perdas e usufrua o ganho!
7. Quanto mais você afirmar a restauração divina, maior será o bem que lhe será concedido no presente, aparentemente preenchendo o vazio deixado no passado. Neste ínterim, o que quer que tenha sido tirado de você lhe será restituído de maneira divina.
8. Pouco importam os erros que você tenha cometido ou as experiências desafortunadas que tenha tido no passado, você ainda pode superá-los e voltar a ter uma vida digna, se tiver em mente a restauração divina.
9. Se você tem a impressão de que seu bem maior lhe foi tirado ou negado, é porque as suas atitudes e ações lhe obstruíram a passagem. Não as atitudes ou ações de outras pessoas, mas as suas próprias.
10. Existe um segredo cósmico: O bem que você não reconheceu nem reivindicou no passado não se perdeu. Ele está represado no mundo espiritual, aguardando que você o identifique e reivindique. O bem que parece ter sido negado no passado ainda lhe pertence, qualquer que seja a sua forma atual, para o seu

bem maior. Quando afirma a restauração divina, você libera esse bem armazenado.

11. As afirmações de restauração divina podem proporcionar prosperidade e saúde renovadas e um novo amor para a sua vida, de maneira rápida e ordenada.
12. Está sempre em ação um poder de equilíbrio e de restauração do bem em todas as pessoas e em todas as experiências de perda. Em vez de tentar atrair, à força, a sua felicidade, afirme que ela está agora restaurada por desígnio divino, da maneira e na ocasião determinadas por Deus. Então a sua felicidade do passado e do presente ainda poderá se manifestar

# Conclusão... Abra a mente para receber

A sua disposição para receber, quando expressa em palavras, irá abrir caminho para outras técnicas de prosperidade descritas neste livro, as quais culminarão em resultados auspiciosos para a sua vida.

Por que deveríamos deliberadamente abrir a nossa mente para receber? Porque a maioria de nós leva uma vida atribulada e mesquinha, sem nenhuma razão plausível, e dessa forma bloqueia tudo o que deveria receber por direito. Não há nada de divino com relação a uma vida atribulada. Não há nada de espiritual com relação a um modo mesquinho de viver. A pessoa que leva uma vida atribulada e mesquinha não está manifestando sua natureza divina.

Mas há uma coisa que podemos fazer a esse respeito. A palavra *receber* significa aceitar. Para demonstrar prosperidade, precisamos primeiro aceitá-la mentalmente.

Os psicólogos nos dizem o seguinte: Podemos ter qualquer coisa que pudermos aceitar mentalmente, mas temos *antes* de aceitá-la mentalmente. Grande parte do ato de receber consiste em aceitar aquilo que desejamos mentalmente, em vez de nos opormos a isso.

Muitas pessoas lutam pela felicidade — achando que não a têm ou que não têm o direito de reivindicá-la — e por isso retardam a sua manifestação ou a impedem totalmente. Você talvez já tenha se livrado dessas atitudes ridículas, por meio de seu estudo da verdade a respeito da prosperidade. Essas atitudes inadequadas não são atributos de um filho de Deus. Como filho de um Rei, você não tem o direito de limitar a si mesmo com essas falsas idéias.

Quando começar a seguir os métodos para obter prosperidade sugeridos neste livro, abra a sua mente e a sua vida para receber essa ilimitada dádiva que é sua herança divina. Faça isso deliberadamente proferindo estas palavras de aceitação. Afirme: "É COM IMENSA SATISFAÇÃO QUE O PAI ME CONCEDE A POSSE DE ILIMITADA DÁDIVA, E É COM GRANDE SATISFAÇÃO QUE A RECEBO. EU A ESTOU RECEBENDO. EU A ESTOU RECEBENDO NESTE MOMENTO. ESTOU RECEBENDO TODA A RIQUEZA QUE DEUS TEM PARA ME DAR, E DEUS TEM UMA ILIMITADA RIQUEZA PARA ME DAR NESTE MOMENTO!"

## O pensamento auspicioso pode provocar mudanças

O pensamento auspicioso e próspero geralmente exige mudanças em você e à sua volta — mudanças para as quais você está preparado e das quais necessita, mas tenderá a impedir caso não saiba o que está acontecendo. Você pode parecer incapaz de interromper essas mudanças quando elas têm início. A maioria de nós tem se desviado da verdadeira prosperidade. As idéias contidas neste livro podem nos ajudar a retornar ao caminho correto, mas precisamos aceitar aquilo que vem junto com o uso desses princípios de prosperidade — mesmo que isso signifique mudanças que envolvam pessoas, lugares ou coisas.

Se uma mudança ocorrer quando você abrir a mente para a prosperidade, saiba que ela é definitiva. Você perceberá que a sua vida passará a ser mais feliz e a sua prosperidade e paz de espírito, maiores.

Assim, relaxe, fique tranqüilo e deixe que a idéia de prosperidade faça um trabalho completo na sua mente. Não tenha medo de abrir a mente para receber!